GTB
Gütersloher Taschenbücher
1203

Melanie Miehl
Geboren 1972, studiert Islamwissenschaft,
ist in der Erwachsenenbildung zum Thema Islam tätig
und engagiert sich im christlich-islamischen Dialog.

Melanie Miehl

99 Fragen zum Islam

Islam

Gütersloher Verlagshaus

Originalausgabe

Die Deutsche Bibliothek – CIP-Einheitsaufnahme

Miehl, Melanie.:
99 Fragen zum Islam / Miehl, Melanie.
Orig.-Ausg. - Gütersloh : Gütersloher Verl.-Haus, 2001
(Gütersloher Taschenbücher ; 1203)
ISBN 3-579-01203-7

ISBN 3-579-01203-7
© Gütersloher Verlagshaus, Gütersloh 2001

Umschlaggestaltung: Init GmbH, Bielefeld,
unter Verwendung einer Fotografie von Haghia Sophia,
Madonna & Child, Mosaic in apse.
© Getty Images Deutschland GmbH, München
Satz: Buch-Werkstatt GmbH, Bad Aibling
Druck und Bindung: Elsnerdruck GmbH, Berlin
Gedruckt auf chlorfrei gebleichtem Werkdruckpapier
Printed in Germany

Besuchen Sie uns im Internet: http://www.gtvh.de

Vorwort

Wie leben Muslime?

Was glauben sie?

Antworten auf solche Fragen sind notwendig, denn der Islam gehört auch in Europa zur Realität.

Längst nicht alle hier gestellten Fragen sind fiktiv. Viele sind mir so oder ähnlich tatsächlich begegnet, so dass dieses Buch hoffentlich (oder besser: *inšallah*) die nötige Bodenhaftung besitzt. Im Gegensatz zu dummen Antworten gibt es bekanntlich keine dummen Fragen.

Allen, auf deren Rat und Geduld ich während der Entstehung dieses Büchleins zählen durfte, besonders meinen Eltern und Thomas Lemmen, sage ich herzlichen Dank.

Melanie Miehl

Anmerkungen zu Umschrift und Aussprache arabischer Begriffe:

´ Kehlkopfverschlusslaut wie in *be´enden* oder *be´urlauben*

` typisch arabischer Reibelaut, Aussprache im Zweifelsfall wie ´

dh wie stimmhaftes *th* in engl. *the*

ğ wie stimmhaftes *dsch* in Dschungel

gh wie *r* in frz. *merci*

h immer hörbar

kh wie *ch* in *Bach*, nie wie in *ich*

q in der Kehle gesprochenes *k*

s stimmloses *s* wie in *fassen*

š wie stimmloses *sch* in *Schiff*

th wie stimmloses *th* in engl. *think*

z stimmhaftes *s* wie in *summen*

Im Türkischen wird ş wie stimmloses *sch* in *Schiff* gesprochen und ı als dumpfes *i* etwa wie *e* in *Beginn*.

Die Koranzitate haben, soweit nicht anders gekennzeichnet, die Übersetzung Rudi Parets zur Grundlage.

Gibt es
Aberglauben
im Islam?

Fast jeder hat es schon einmal gesehen, aber längst nicht mehr alle, die es selbst tragen, würden sich noch mit dem eigentlichen Sinn einverstanden erklären: an der Halskette oder dem Armband blitzt ein kleines türkisfarbenes Perlchen. Wozu? Gegen den »bösen Blick«! Besonders Türken lieben es, sich mit solchen kleinen blauen Steinchen zu umgeben. Mit der »reinen Lehre« des Islams hat das zwar wenig zu tun, aber wie in allen Religionen geht die Frömmigkeit der einfachen Leute oft andere Wege als es den Gelehrten lieb ist. Den »bösen Blick«, den Neider oder Übelwollende auf Dinge oder Menschen werfen könnten, fürchtet man im Orient aber sicher nicht allein auf muslimischer Seite. Die Mittel, ihn abzuwenden, variieren. In der Türkei ist das typische blaue Auge aus Glas in allen Größen anzutreffen, zumal es eine sehr dekorative Wirkung hat. Eine türkische Eigenheit ist es, Abreisenden etwas Wasser hinterherzugießen.

Schutz und Abwehr des Bösen verspricht vielerorts auch die »Hand Fatimas«, die man auf die Hauswand malt oder als Amulett in Silber um den Hals trägt.

Die Grenzen von legitimer Verehrung hin zur magischen Inanspruchnahme verlaufen oft fließend. Niemand wird daran Anstoß nehmen, einem Kranken durch die Rezitation bestimmter koranischer Verse Zuversicht zu geben und die Hoffnung auf Heilung zu stärken. Wenn allerdings die Verse aufgeschrieben, mit Wasser vom Papier gewaschen und dieses Wasser dann getrunken wird, bricht sich ein sehr handfester Wunsch Bahn, sich das Heilige einzuverleiben. Segensmächtig kann Wasser auch dadurch werden, dass zunächst Koranverse oder Anrufungen Gottes gesprochen werden und dann über das Wasser geblasen wird.

Von dunklen Mächten glaubt man vor allem Kinder und schwangere Frauen bedroht. Eine Reihe von Maßnahmen sollen dann die Geister hinters Licht führen. Manche Mütter verzichten darauf, ihre Kinder auffällig zu kleiden oder lassen sie ungekämmt, um sie gleichsam unattraktiv zu machen. Dazu kann auch dienen, die Kinder nicht mit ihrem → Namen zu rufen, sondern ihnen irgendeinen abstoßenden Gegenstand zum Rufnamen zu geben, solange sie noch klein sind.

Was hat
Abraham
mit dem Islam zu tun?

Eine Menge! Zwar nennt der Koran ihn Ibrahim, aber es geht um dieselbe Gestalt, die auch die Bibel meint. Die Muslime fühlen sich ihm verbunden, weil er der Stammvater der Araber ist. Seine Frau Sara gebar Isaak. Aus der Verbindung mit seiner Magd Hagar ging Ismail hervor. Isaak ist der Ahn einer ganzen Reihe weiterer → Propheten bis hin zu → Jesus. Von → Ismail stammt nur ein weiterer Prophet ab, der jedoch eine ganz besondere herausgehobene Stellung innehat: → Muhammad.

Mit dem Namen Abrahams sind vor allem drei Ereignisse verbunden: die Hinwendung zum Einen Gott, Allah, die Erbauung der Ka`ba in → Mekka und die Bereitschaft Abrahams, einen seiner Söhne zu opfern.

Der Koran erzählt die Geschichte von Abrahams Gottsuche so: Abraham erkennt, dass sein Vater Azar zu Götzen betet. Diesen Glauben kann er nicht teilen, und Gott zeigt ihm seine *Herrschaft über Himmel und Erde.* In der Nacht sieht Abraham einen Stern und betet ihn an. Aber der Stern bleibt nicht am Himmel, und Abraham erkennt, dass er sich geirrt hat. Er wendet sich dem Mond zu, aber auch der Mond geht unter. In der Morgenröte erklärt er die Sonne zu seinem Herrn. Abends muss er erkennen, dass auch sie untergeht. Nun erkennt er, dass allein der verehrungswürdig ist, der über den geschaffenen Dingen steht: *Ich wende mich nunmehr demjenigen zu, der Himmel und Erde geschaffen hat.* Dieser Glaube macht ihn in den Worten des Korans zum Hanifen. Auch lässt der Koran durchblicken, dass Abrahams neuer Glaube bei seinen Landsleuten auf wenig Gegenliebe stößt. Er hält ihnen entgegen: *Wollt ihr mit mir über Gott streiten, wo er mich doch rechtgeleitet hat?* (Vgl. 6:74f.)

Den Bau der Ka`ba, als ältestes Gotteshaus der Menschheitsgeschichte, führt der Islam auf Abraham und seinen Sohn Ismail zurück (2:126-127; 14:35). (Einige Traditionen sehen sogar Adam als Erbauer an und betrachten Abraham dann als Erneuerer des Baus.)

Ob es auch Ismail war, den Abraham zu opfern bereit war, oder wie in der biblischen Erzählung Isaak, verrät der Koran zwar nicht, viele Muslime tendieren aber eher zu Ismail. (37:102-107; Gen 22,1-19)

Abraham ist ein Vorbild in Glauben, Gebet, guten Werken und der Wallfahrt nach Mekka, nimmt also die *basics* des Islams wahr.

Mit der Gestalt Abrahams besitzt der Islam natürlich auch einen wichtigen Anknüpfungspunkt für den Dialog mit Juden und Christen.

Was ist *adab*?

Mit der raschen → Ausbreitung des Islams ging auch eine Verfeinerung der Lebensart einher. Trotz aller lokaler Unterschiede hat sich ein Kernbestand dessen gebildet, was man in islamisch geprägten Kulturen als den guten Ton ansieht.

Adab, die Lehre vom guten Benehmen, orientiert sich an den islamischen Tugenden und am *schönen Vorbild*, wie der Koran den Propheten Muhammad preist.

Besonders die → Sufi-Orden trugen zur Popularisierung des guten Benehmens bei. Auch enstand eine regelrechte *adab*-Literatur, die sich damit befasste, wie der fromme Muslim, die fromme Muslima, sich in verschiedenen Situationen des täglichen oder auch des außeralltäglichen Lebens zu verhalten habe.

Der Umgang der Menschen soll von Höflichkeit geprägt sein. Jüngere erweisen Älteren, Männern den Frauen Respekt. Kinder und Greise dürfen nie lieblos behandelt werden.

Ein Beispiel, wie eng das gute Benehmen mit dem prophetischen Vorbild verknüpft ist, stellt sicher das Grußverhalten dar. Jemanden zu grüßen erfüllt nicht allein die Anforderungen eines allgemein menschlichen Sittenkodex, sondern es kann sich auf die Aufforderung Muhammads an seine Gemeinde stützen, zu grüßen, wen man kennt und wen man nicht kennt. Zwar ist nach Ansicht vieler Muslime der islamische Gruß *Friede sei mit dir, as-salamu alaykum,* den muslimischen Glaubensgeschwistern vorbehalten, aber man erlebt es nie, dass Nichtmuslime nicht in die sprichwörtlich gewordenen orientalischen Begrüßungs- und Verabschiedungseulogien miteinbezogen würden.

Sind
Ahmadis
auch Muslime?

Die Erörterung dieser Frage ist wahrscheinlich eines der unerfreulichsten Kapitel der jüngeren Geschichte des Islams, denn sie wurde und wird nicht allein als geistliche Auseinandersetzung geführt.

Die Probleme sind vielschichtig, und die Gruppierung steht seit ihrer Entstehung unter keinem günstigen Stern. Der Begründer der *Ahmadiyya Muslim Jamaat*, Mirza Ghulam Ahmad (1835-1908), wurde in Qadian in Indien geboren. Nach diesem Ort ist der größere der beiden Flügel der Bewegung benannt; 1914 hatten sich die Lahore-Ahmadis abgespalten. Den Lahoris gilt Mirza Ghulam Ahmad als Erneuerer des Islams, während die Qadianis seinen seit 1889 bekundeten Anspruch ernst nehmen, er sei der erwartete → Mahdi und verheißene → Messias.

In diesem Anspruch liegt der Kern der Auseinandersetzung, die sich zwischen der Ahmadiyya, die den wahren Islam zu repräsentieren meint, und Muslimen, die an der Auffassung festhalten, mit → Muhammad sei das → Prophetentum an ein Ende gekommen, entsponnen hat. Die Ahmadis glauben, dass *in spiritueller Hinsicht die Wiederkunft von Jesus Christus durch die Ankunft von Hazrat Mirza Ghulam Ahmad erfolgte. In Übereinstimmung mit den Lehren des Heiligen Qur-ân glaubte er fest an die Wahrheit aller Religionen in ihrem Ursprung und bestätigte die Rechtschaffenheit Buddhas´, Konfuzius´, Krischnas und Zoroastras als Gesandte Gottes, jedoch nicht als Verkörperung Gottes. Es wurde ihm offenbart, dass all die Prophezeiungen verschiedener Religionen über die Ankunft eines Reformators in den letzten Tagen wahr seien, dass es jedoch ein einziger Reformator wäre, der in seiner Person als lebendiger Beweis unter dem Banner Gottes die Qualitäten, Aufgaben und spirituellen Kräfte aller verheißenen Reformer vereine. Er beanspruchte, dieser Reformer für diese Zeit zu sein.* Ein anderer Punkt, der die Ahmadiyya in Dissens sowohl zur muslimischen Orthodoxie als auch zum Christentum bringt, ist ihr Glaube, Jesus sei nicht am Kreuz gestorben, sondern habe sich nach der Kreuzabnahme erholt und sei predigend bis nach Indien gewandert, wo sein Grab in Kaschmir verehrt wird. Zu den theologischen Differenzen traten schon bald gesellschaftliche Probleme hinzu. Da die Ahmadiyya es ablehnt, den → ǧihad notfalls auch mit Waffengewalt zu führen, warf man ihr vor, mit den britischen Kolonialherren zu kollaborieren. Die gegenseitige Ablehnung schaukelte sich in *fatwas* hoch, in denen Ahmadis und Nichtahmadis sich gegenseitig zu Nichtmuslimen erklärten. Die Ahmadiyya geriet in zunehmende Isolation: mit Nichtahmadis war z. B. weder an gemeinsames Gebet noch an Ehe zu denken. Anfang der 50er-Jahre kam es zu Pogromen gegen Ahmadis. Seither ist es zu keiner Versöhnung gekommen – im Gegenteil: 1974 erklärte der pakistanische Staat per Parlamentsbeschluss (!) die Ahmadis für aus dem Islam ausgeschlossen, was ihre Religionsfreiheit und eine Reihe weiterer Rechte stark einschränkt. Der Khalif der Ahmadiyya lebt im Londoner Exil, wie auch viele seiner Anhänger vor Verfolgung geflohen sind. Die Ahmadiyya, die eine offensive Mission betreibt, ist in Deutschland nach eigenen Angaben mit 60.000 Mitgliedern vertreten. Die Gemeinden sind streng durchorganisiert, aber auch ihre Gegner haben sich international organisiert und vernetzt.

Wer sind die **Aleviten**?

Die Aleviten (übrigens nicht zu verwechseln mit den Alawiten, die Ali zum Mittelpunkt der Verehrung nehmen) kämpfen in gewisser Weise gegen die gleichen Windmühlen, wie die → Ahmadiyya; auch ihnen bringen orthodoxe Muslime den Vorwurf entgegen, nicht zum Islam zu gehören. Anders als die Ahmadiyya sieht man sich von alevitischer Seite jedoch nicht genötigt, sich ausdrücklich für oder gegen die Zugehörigkeit zum Islam auszusprechen. Auch die Aleviten haben in ihrer Geschichte bis in jüngste Zeit Verfolgungen erlitten, was dazu geführt hat, dass sie sich hinsichtlich ihrer Lehre und Glaubenspraxis eher bedeckt halten.

Der Ursprung der Aleviten liegt im → schiitischen Islam. Ihr Hauptverbreitungsgebiet ist die Türkei, besonders Ostanatolien. Auch unter der türkischstämmigen Bevölkerung Deutschlands finden sich Aleviten, jedoch gibt es weder für die Türkei noch für Deutschland verlässliche Zahlen. Um alles noch komplizierter zu machen, gibt es auch noch kurdische Aleviten.

Die Religiosität der Aleviten ist stark verinnerlicht und mystisch durchdrungen. Gottesliebe und Vervollkommnung des Menschen stehen in enger Beziehung zueinander, so dass die Aleviten ein umfangreiches ethisches System hervorgebracht haben. Die fünf Säulen des Islams beachten sie nicht in ritueller Form, wie sie auch die *šari´a*, das islamische Recht, ablehnen. Das Gemeinschaftsgebet wird nicht freitags in der → Moschee abgehalten, sondern donnerstags abends an eigenen Versammlungsstätten, *cem evi* genannt. Dort kommen, anders als im *orthopraxen* Islam, Frauen und Männer gleichberechtigt zum Gebet zusammen. Zu den Ritualen des *cem* gehört ein rituelles Mahl und das Austeilen von Segenswasser. Das Fasten der Aleviten fällt nicht in den Ramadan, sondern in den Monat Muharram, den šiʿitischen Trauermonat. Der alevitische Glaube speist sich aus verschiedensten Quellen, von extremen šiʿitischen Standpunkten bis zu alttürkischen, gnostischen vielleicht auch christlichen Einflüssen und fand erst im 16. Jahrhundert seine Form. Religiöse Autoritäten sind die *dedeler*. Die Abstammung von Ali oder dem mittelalterlichen Mystiker Haci Bektaş Veli ist besonders hochgeachtet.

Unter den Besonderheiten, die das Alevitentum hervorgebracht hat, ist die Wegbruderschaft besonders hervorzuheben. In ihr verbinden sich zwei Ehepaare gleichen sozialen Ranges durch ein Treueversprechen zu gegenseitiger Hilfe und Anteilnahme in allen Lebenslagen. Der besondere Akzent, den die Aleviten auf das Gemeinschaftsleben legen, hat dazu beigetragen, dass Mischehen in intakten alevitischen Gemeinschaften nicht vorkamen. Mit dem gesellschaftlichen Wandel in der modernen Türkei und in der Migration lässt sich diese Exklusivität nicht mehr aufrechterhalten, und das Alevitentum steht wie alle religiösen Gruppen vor der Frage, welchen Platz es im *global village* einnehmen wird.

Ist
Allah
ein anderer Gott?

Nein. *Unser Gott und euer Gott ist einer*, stellt der Koran im Hinblick auf Juden und Christen fest (29:46). Auch die Haltung der großen Kirchen ist eindeutig; exemplarisch sei auf das II. Vatikanische Konzil verwiesen, das in der Erklärung *Lumen gentium* ausdrücklich sagt: *Der Heilswille umfasst aber auch die, welche den Schöpfer anerkennen, unter ihnen besonders die Muslime, die sich zum Glauben Abrahams bekennen und mit uns den einen Gott anbeten, den barmherzigen, der die Menschen am Jüngsten Tag richten wird.* (Art. 16) Dem christlichen und islamischen Gottesverständnis sind wichtige Aspekte gemein: Gott ist *einer*. Er hat die Welt erschaffen und erhält sie im Dasein. Durch Propheten hat er zu den Menschen gesprochen und sie zur Umkehr aufgerufen. Am Jüngsten Tag wird er die Toten auferwecken und die Menschheit richten.

Diesen fundamentalen Grundübereinstimmungen stehen Unterschiede entgegen, die das Gottesbild betreffen, dem Christen und Muslime verpflichtet sind. Diese Unterschiede liegen im Verständnis der Person Jesu einerseits und der koranischen Botschaft andererseits begründet. Der Islam erkennt weder Inkarnation noch Dreifaltigkeit Gottes an, verwirft dementsprechend die Kreuzigung, den

14

Tod und die Auferstehung Jesu und die darin gewirkte Erlösung und hält die christliche Lehre darüber für einen historischen Irrtum oder eine Fälschung durch den Apostel Paulus. Das Christentum kann Muhammad wenn überhaupt dann nur in sehr eingeschränktem Maße als Propheten anerkennen und es betrachtet den Koran nicht als Gottes unerschaffenes Wort.

In der Praxis grassieren sehr unterschiedliche Gewichtungen von Gemeinsamkeiten und Unterschieden. Die Extrempositionen sehen entweder über alle Unterschiede oder über alle Gemeinsamkeiten hinweg. Um eine Instrumentalisierung dieser Frage zu vermeiden, tut man gut daran, sich mit den Grundlagentexten der Religionen zu befassen.

Dass *Allah* auch der Name ist, mit dem arabische Christen Gott bezeichnen, ist schon fast ein Allgemeinplatz; in arabischen Bibeln beginnt das Johannesevangelium: *Im Anfang war das Wort, und das Wort war bei Allah und das Wort war Allah.*

Frage 7

Wohin mit dem Geld? – oder: Weshalb sind **Almosen** so wichtig?

Immerhin ist das Spenden von Geld oder Sachen an Bedürftige zu einer der fünf Säulen des Islams geworden. Besitz ist nichts Anrüchiges, solange man bereit ist, damit Bedürftigen beizustehen und das Vermögen dadurch zu reinigen. Um diese Bereitschaft in die richtigen Bahnen zu lenken, hat sich sehr früh neben der allgemeinen Hochachtung, die das Spenden besitzt, eine rituelle Form der Abgabe, die *zakat*, etabliert. Schon der Koran enthält Weisungen dazu, für wen und was die Spenden bestimmt sind, nämlich für Arme und Bedürftige, für die Beamten, die das Almosen verwalten, für die Befreiung von Sklaven, für die, *deren Herzen gewonnen werden sollen*, für Verschuldete, für diejenigen, die sich für die Sache Gottes einsetzen, und für Reisende. (Vgl. 9:60)

Die Ulama, die islamischen Gelehrten, haben über die Jahrhunderte jeweils unter Berücksichtigung der örtlichen Gegebenheiten versucht, das rechte Maß für die *zakat*, z. B. im Bezug auf Ernteerträge, den Viehbestand oder Edelmetalle, festzulegen. Es geht dabei nicht um eine Steuer. Besonders Muslime, die in mehrheitlich nichtmuslimischen Ländern leben, müssen bei der Abgabe Eigeninitiative entwickeln, indem sie überlegen, wem sie wieviel Geld zukommen lassen.

Neben der verpflichtenden *zakat* wird besonders auch im Ramadan das Geben von Almosen und wo es nötig ist auch die Armenspeisung gerne gesehen.

Was ist mit den **Anderen**? –
oder: Wie sieht der Islam die Religionen?

Hier muss man einen Blick auf die Entstehungszeit der islamischen Gemeinde in Mekka und Medina werfen. Die Hauptgegner der Muslime in theologischer wie in gesellschaftlicher Hinsicht waren die Menschen, die den strengen Monotheismus ablehnten, den Muhammad verkündete. Sie hingen einer religiösen Vorstellung an, deren Himmel von einer ganzen Reihe verschiedener Gottheiten bevölkert war. Zwar war die Idee eines Hochgottes, der Allah genannt wurde, bereits virulent, aber daneben spielten Göttinnen und Götter eine Rolle, die teilweise lokale Einflusssphären (z.B. Stadtgottheiten) oder bestimmte Lebensbereiche (etwa Fruchtbarkeit) dominierten. Gegen diese religiöse Ausrichtung wendet sich der Islam in einer radikalen Ablehnung. Die schlimmste Sünde, die der Mensch begehen kann, ist es, dem Einen Gott andere Gottheiten beizugesellen. Dies nennt der Koran *širk*, und die dies tun heißen *mušrikun*. Die 112. Sure des Korans macht das Gottesbild des Islams deutlich:

Sprich! Gott ist Einer, / ein ewig reiner. / Hat nicht gezeugt und Ihn gezeugt hat keiner, / und nicht Ihm gleich ist einer. (dt. Friedrich Rückert)

Diese Worte lassen auch erahnen, dass das Verhältnis des Islams zum Christentum kein ungebrochenes ist. Die Erwartung, Juden und Christen würden sich gleichsam ganz von selbst der Botschaft des Korans öffnen, erfüllten sich nämlich nicht. Die Konflikte mit den Juden entsprangen politischen Ursachen, diejenigen mit den Christen der Annahme, Christen würden an drei Götter glauben. Beiden wird vorgeworfen, die Offenbarungsschriften, die Moses und Jesus auf die gleiche Art erhalten hätten, wie Muhammad den Koran, verfälscht zu haben. Immerhin tragen sie die Bezeichnung »Leute der Schrift«, → *ahlu l-kitab*. Innerhalb des Korans lässt sich die Veränderung des Verhältnisses teilweise deutlich nachspüren, wenn auf einem Tiefpunkt etwa vor der Freundschaft mit ihnen gewarnt wird. (5:51)

Tatsächlich finden sich im Koran Aussagen, die als expliziter Auftrag zum → Dialog mit Juden und Christen verstanden werden dürfen.

Das Verhältnis zu den beiden monotheistischen Religionen Christentum und Judentum kann mit den Begriffen Nähe und Distanz beschrieben werden. Schwieriger ist es mit Religionsgemeinschaften, die nach dem Islam enstanden sind, etwa der → Baha´i-Religion, sowie mit Religionen, die keine monotheistische Ausrichtung haben.

Ist
Arabisch
die Sprache Gottes?

Diesen Eindruck könnte man bekommen, wenn man sieht, welche Hochachtung der Sprache entgegengebracht wird, in der der Koran vorliegt. Aus den Buchstaben des arabischen Alphabets wurde buchstäblich eine heilige Schrift, die überall da Anklang fand, wo der Islam eine Rolle spielte. Noch heute ist das arabische Schriftsystem das nach dem lateinischen am weitesten verbreitete. Die 28 Zeichen des von rechts nach links geschriebenen Arabischen gehen wie die des Hebräischen auf aramäische Schriften zurück. Arabisch und Hebräisch sind als semitische Sprachen miteinander verwandt (*salam / šalom*). Wo andere Völker die arabische Schrift übernahmen, fügten sie ihr neue Buchstaben oder diakritische Zeichen hinzu, um sie auf die eigene Sprache abzustimmen, was nicht immer zu befriedigenden Ergebnissen führen konnte. Trotzdem fand die Schrift des Korans mit der Ausbreitung des Islams weiten Zuspruch. Heute schreibt man in ihr modernes Arabisch, die Berbersprachen, Persisch und Aserbaidschanisch, Urdu, Paschtu, weitere südasiatische Sprachen, aber auch Neuuigurisch. Auch Indonesisch, Swahili und Hausa sowie viele Sprachen ehemaliger Sowjetrepubliken können auf Perioden arabischer Schrift zurückblicken, vom maurischen Spanien ganz zu schweigen. Dass sich mit der Schrift immer auch ein Politikum verbindet, zeigen die sowjetischen Bestrebungen, die arabischen durch kyrillische Lettern zu ersetzen. Das deutlichste Beispiel ist aber die Schriftreform, die 1928 in der Türkei die lateinische Schrift einführte und mit einer »Reinigung« des Türkischen von arabischen und persischen Fremdwörtern einherging. Die Hinwendung zum Laizismus drängte die religiösen Traditionen in den Hintergrund – bis heute hat sich die daraus resultierende Spannung nicht beruhigen können.

Braucht der Islam eine
Aufklärung?

Immer, wenn irgendwo in einem der so genannten islamischen Ländern etwas passiert, was dem aufgeklärten Europa als Rückfall ins Mittelalter erscheint (wohl ins eigene, denn das islamische Mittelalter war eine Epoche blühender Gelehrsamkeit), taucht das Erklärungsmuster auf, der Islam habe eben »keine Aufklärung« durchgemacht. Mit dieser geistesgeschichtlichen Killerphrase wirft man allerdings mehr Probleme auf, als man mit ihr lösen könnte.

Die Aufklärung in ihrer religionsfeindlichen Ausprägung noch einmal »auf Islamisch« durchzuspielen, kann sicher kein erstrebenswertes Ziel sein, wohingegen viele Fragen es erfordern, eine kritische Auseinandersetzung mit den eigenen Quellen zu betreiben. Der im niederländischen Exil lebende ägyptische Professor Hamid Abu Zayd erntet herbe Kritik dafür, dass er den Versuch unternimmt, den Koran als Text zu analysieren.

Wo leben Muslime? –
oder: Über die
Ausbreitung
des Islams

Weltweit gehören 1.188.240.000 Menschen dem Islam an, der somit nach dem Christentum mit 1.999.566.000 Mitgliedern (alle Konfessionen) die weltweit zweitgrößte Religionsgemeinschaft bildet. (Die Angaben beziehen sich auf das Jahr 2000 und entstammen dem Fidesdienst, der sich auf das *International Bulletin of Missionary Research*, Jan. 2000, bezieht.)

Heute lebt aber einer von drei Muslimen nicht mehr in einem mehrheitlich muslimischen Land. Auch stellen die arabischen Länder nicht mehr die Mehrheit der Muslime. Mittlerweile leben östlich von Karachi mindestens ebenso viele Muslime wie westlich davon.

Die schwierige Lage nichtmuslimischer Minderheiten in einigen Ländern macht statistische Angaben zwar nicht bis ins Letzte nachvollziehbar, und auch die Frage, wie es sich mit der Zugehörigkeit zum Islam an der Peripherie aussieht, muss ungeklärt bleiben. Als Kernländer, deren Bevölkerung zu über 90 % dem Islam angehört, können die Staaten der arabischen Halbinsel, Nordafrikas und des Mittleren Ostens bis hin nach Pakistan sowie Bangladesch und die Malediven gelten. Auch Somalia und ein Küstenstreifen bis nach Mosambik sowie die Komoren zählen dazu.

Die Mehrheit der Bevölkerung zählt in den Ländern der Sahelzone zum Islam, und auch in Zentralasien, Malysia und Indonesien leben mehrheitlich Muslime. Muslimische Minderheiten gibt es praktisch weltweit.

12 Frage

Ist der
Austritt
aus dem Islam möglich?

Nein. Das erscheint zugegebenermaßen seltsam, ist aber in sich völlig logisch. Nach islamischer Auffassung wird jeder Mensch als Muslim geboren. Ein → Hadith stellt fest, dass es von der Erziehung abhängt, ob das Kind später einer anderen Religion angehört. Dahinter steht die Idee, dass es eine natürliche Anlage und Ausrichtung des Menschen zum Glauben gibt. Deshalb braucht es auch keine Initiationsriten. Von einem Erwachsenen, der Muslim wird, erwartet man gewöhnlich, dass er die → *šahada* vor zwei Zeugen ausspricht, aber man versteht dies als Rückwendung zu seiner eigentlichen Bestimmung, nicht so sehr als Konversion, sondern als Reversion.

Der Abfall vom Glauben, die Apostasie als bewusste und öffentlich bekundete Abwendung vom Islam und der islamischen Gemeinschaft, hat weitreichende Folgen. Auch wenn darauf in der Mehrzahl der Länder, deren Rechtsauffassungen auf der *šari`a*, dem islamischen Recht, basieren, nicht mehr die Todesstrafe steht, hat ein solcher Schritt oft schwerwiegende Konsequenzen. Er macht die eingegangene → Ehe mit einem muslimischen Partner ungültig – wobei ggf. das Sorgerecht für die daraus hervorgegangenen Kinder entzogen wird – und beeinträchtigt die rechtliche Stellung insgesamt erheblich. Dazu können zivilrechtliche Strafen gehören, wie etwa Geldstrafen, oder es kann zur Enterbung kommen. Soziale Brüche sind ebenfalls zu erwarten.

Nicht wenige muslimische Intellektuelle beklagen diese Zustände und fordern das Recht auf vollständige Religionsfreiheit, die es dem Einzelnen ermöglicht, seinem Gewissen zu folgen, wenn es um Konversion zu einer anderen Religion oder Weltanschauung geht. Sie machen geltend, dass die Forderung nach Bestrafung der Apostasie nicht koranisch geboten ist und mit bestimmten historischen Umständen verknüpft war, die heute keine Rolle mehr spielen. Stattdessen setzen sie in besonderer Weise auf den Koranvers *In der Religion gibt es keinen Zwang* (2:256).

Was ist ein
Ayatollah?

Der Begriff *ayatullah* bedeutet wörtlich *Zeichen Gottes* und ist ein
Ehrentitel für eine besondere Gelehrtenklasse, die es nur im ši`iti-
schen Islam gibt. Ein Ayatollah zeichnet sich dadurch aus, dass er
die Anwendung des sogenannten *iğtihads* beherrscht. Damit ist ein
im Islam umstrittenes Prinzip der Rechtsfindung aufgrund eigener
intellektueller Anstrengung gemeint. Während der sunnitische Islam diese Methode der Rechtsfindung im 9. Jahrhundert abschaffte, ist sie im ši`itischen Islam erhalten geblieben. Demnach
kann ein Rechtsgelehrter unter Berücksichtigung der primären
Rechtsquellen, also Koran und Sunna, mit Hilfe seines Verstandes
zu eigenständigen Entscheidungen in religiösen Angelegenheiten
gelangen. Der erste Gelehrte, der diesen Titel führte, war Allama
al-Hilli (1250-1325), der die theoretischen Grundlagen dieser Methode schuf. Die besondere Bedeutung dieser Gelehrtenklasse ergibt sich aus den Besonderheiten des ši`itischen Islams. Die Ši`a
geht davon aus, dass die islamische Gemeinschaft eigentlich immer unter der Leitung eines Nachkommen aus der Familie Alis
steht. Der elfte Nachkomme Alis gilt den so genannten Zwölfer-
ši`iten als von Gott entrückt und sie erwarten ständig seine Wie-
derkunft. In seiner Stellvertretung haben verschiedene ši`itische
Dynastien aus der Familie Alis im Iran regiert. Als mit den Pahlavis
1925 eine Dynastie die Macht ergriff, die sich ausdrücklich nicht
in diesem religiösen Sinn verstand, trat die Frage nach der recht-
mäßigen politischen Macht im Iran auf. Die Ayatollahs, die seit
dem 16. Jahrhundert zunehmend an Bedeutung gewonnen hatten,
traten nunmehr mit dem Anspruch auf, in Stellvertretung des ent-
rückten zwölften Imams die Regierungsgewalt auszuüben. Dieses
politische Konzept geht auf Ayatollah Khomeini (1902-1989)

zurück, der sich damit 1979 in der Auseinandersetzung mit dem Schah durchsetzen konnte und als zur Führung des Irans befähigter Rechtsgelehrter anerkannt wurde.

14. Frage

Sind
Baha'is
auch Muslime?

Nein, aber religionsgeschichtlich haben sie nicht wenig mit dem Islam zu tun. Sie bilden eine nach- und außerislamische Religionsgemeinschaft, die aber ihre Wurzeln in der imamitischen Strömung des ši`itischen Islams hat. Genauer genommen, handelt es sich um eine Abspaltung des Babismus. Der 1850 hingerichtete Ali Muhammed, genannt der Bab, das Tor, hatte mit großem Erfolg eine einerseits rationalistische, andererseits mit kabbalistischen Elementen durchsetzte Interpretation der islamischen Religion propagiert. Er selbst hatte sich den Ši`iten als Mahdi, d. h. als aus der Entrückung zurückgekehrter wahrer Imam, präsentiert. Sein Anhänger Baha´ullah (gest. 1892) ging einen Schritt weiter und rief eine neue Universalreligion ins Leben.

Deren Lehre unterscheidet sich in wesentlichen Punkten deutlich vom Islam. So gilt das Prophetentum als nicht abgeschlossen, die Welt als ewig und die Propheten als göttliche Manifestationen. Während Zarathustra als Prophet anerkannt wird, gelten Buddha und Konfuzius als »Weise«. Zu den religiösen Pflichten zählt die tägliche Lektüre heiliger Schriften, das dreimalige Gebet, eine 19-tägige Fastenzeit sowie alle 19 Tage ein Gemeindetreffen. Die Lehre der Baha´i umfasst eine humanistische und pazifistische Ethik, die die Einheit der Menschheit, die Erhaltung der Umwelt, den Ausgleich von Arm und Reich und die Gleichberechtigung von Mann und Frau auf ihre Fahnen geschrieben hat. Die Leitung der Gemeinschaft ist in so genannten Geistigen Räten hierarchisch organisiert. Das »Universale Haus der Gerechtigkeit« hat seinen Sitz in Haifa.

Die Baha´i-Religion wird vom Islam nicht anerkannt. Wer als Muslim zu ihr konvertiert, muss mit Schwierigkeiten rechnen, die etwa nach der Islamischen Revolution im Iran bis zur Verfolgung geführt haben, die viele Angehörige dieser Gemeinschaft noch stets ins Exil zwingen.

Was ist die *basmala*?

Basmala nennt man eine religiöse Formel, die im Alltag jedes Muslims präsent ist. *Bi-smi llahi r-rahmani r-rahim*, »im Namen Gottes, des Barmherzigen, des Gnädigen«, sind die Worte, die alle Suren des Korans, mit Ausnahme der neunten, eröffnen.

Diese Worte gehören wohl zu den am häufigsten ausgesprochenen im muslimischen Leben. Kalligraphen haben sie immer wieder aufs Neue gestaltet, zumal ein Hadith dem, der die *basmala* schön schreibt, ungezählte Segenserweise oder sogar das Paradies verspricht. Jedes Buch oder Schriftstück, jeder Brief oder Vertrag wird mit ihnen überschrieben. Muslimische Seeleute setzen sie über ihre Seekarten, bevor sie sie zur Navigation benutzen. In Wohnungen dient die *basmala* als Wandschmuck, auf metallicglänzenden Aufklebern ziert sie so manche Windschutzscheibe. Verblüffend ist es, die *basmala* in winziger Schrift auf einem Reiskorn zu lesen.

Jede Handlung, die man beginnt, wird mit den Worten der *bas-*

mala in den richtigen Rahmen gestellt. Man spricht sie, bevor man etwas zu sich nimmt, wenn man eine Reise antritt, wenn man ein Gebet beginnt und zu allen neuen Tätigkeiten, die man unter Gottes Schutz stellen möchte. Ihre Anwendung im öffentlichen Raum weist die islamische Identität dessen aus, der sie spricht. So wird ein Muslim, der eine Rede hält, kaum darauf verzichten, sie mit den »richtigen« Worten einzuleiten.

Die traditionelle Heranführung eines Kindes an das koranische Gotteswort gebraucht ebenfalls die *basmala*. Wenn ein Junge vier Jahre, vier Monate und vier Tage alt ist, lehrt man ihn die Worte der *basmala*.

Was hat es mit der
Beschneidung
auf sich?

Wer von Kind auf als Muslim aufwächst, aber auch wer als erwachsener Mann den Islam annimmt, wird mit dem Ritus der Beschneidung konfrontiert. Die → *šari`a* widmet dieser Tradition zwar keine weitreichenden Überlegungen, beurteilt sie aber als verpflichtend oder wenigstens empfehlenswert. In der Praxis wird sie an allen männlichen Muslimen vollzogen. Die Vorstellung, einen nichtbeschnittenen Mann zu ehelichen, ist für die Mehrheit der Musliminnen inakzeptabel.

Für die Beschneidung ist kein bestimmtes Datum festgesetzt; allerdings soll nicht am achten Tag beschnitten werden, um sich von der jüdischen Praxis (vgl. Gen 17,12) abzusetzen. Sie kann vollzogen werden, wenn der Junge sich noch im Säuglingsalter befindet, etwa am siebten Tag nach der Geburt. Findet sie um das siebte Lebensjahr statt, verbindet sie sich mit dem Übergang in die Männerwelt. Da sich mit der Beschneidung ein Fest verbindet, das oft mit ebensolchem Aufwand gestaltet wird wie eine Hochzeit, organisieren Eltern zuweilen gemeinsame Beschneidungsfeiern für mehrere Jungen. Für die Jungen ist dies ein großer Tag, an dem sie wie kleine Prinzen gekleidet und durch allgemeine Aufmerksamkeit wie durch Süßigkeiten und dergleichen über den erlittenen Schmerz hinweggetröstet werden. In eher traditionalen Gesellschaften kommt der Beschneidung auch apotropäische Wirkung zu – sie schützt vor dem »bösen Blick«.

Eigentümlicherweise steht der feierliche Rahmen in keiner Relation zum religiösen Gehalt des Festes. Die Begründung der Beschneidung liegt allein im vorbildhaften Verhalten der Propheten Abraham und Muhammad. Im Koran wird sie zwar nicht erwähnt, aber einige Hadithe lassen sie als Teil der Sunna erkennen. Darüber hinaus kommen hygienische Vorteile in Betracht. Die Beschneidung vereinfacht die rituelle Waschung.

Die Beschneidung wird zuweilen mit der Taufe im Christentum verglichen, aber dieser Vergleich greift nicht. Der Eintritt in den Islam wird durch die Beschneidung nicht bewirkt. Die Beschneidung dient auch nicht, wie im Judentum, dazu, den Bund Gottes mit Israel zu symbolisieren (vgl. Gen 17,10). Als solche hat sie keinen religiösen Gehalt, vielmehr führt sie eine Tradition unter islamischen Vorzeichen fort, die auch in vorislamischer Zeit bereits bekannt war.

Ähnliches gilt für die »Beschneidung« von Mädchen und Frauen – wobei in diesem Falle der Begriff stark verharmlosend ist.

Wie sieht eine islamische
Beerdigung
aus?

Nach dem Eintritt des Todes sind bis hin zur eigentlichen Beisetzung eine Reihe festgefügter Handlungen zu vollziehen. Es ist die Pflicht der islamischen Gemeinde, dafür zu sorgen, dass mit den Toten gemäß der religiösen Regeln verfahren wird. Findet sich also im Extremfall niemand, der die Riten erfüllt, macht sich die gesamte Gemeinde dadurch schuldig.

Zunächst wird der Leichnam entkleidet und mit einem Tuch verhüllt. Es versteht sich, dass alles, was mit der Herrichtung des Toten zu tun hat, unter Wahrung des nötigen Respekts geschehen muss, so dass Frauen sich um weibliche Tote kümmern und Männer um männliche. Die Frage, ob Eheleute dem verstorbenen Partner diese letzten Dienste erweisen dürfen, wird unterschiedlich gehandhabt.

Mit den Vorbereitungen für die Beisetzung soll rasch begonnen werden. Wer am Morgen stirbt, soll noch am selben Tag beerdigt werden, wer abends stirbt, am folgenden Tag.

Eines der Rituale ist die Waschung des Toten, die nach ganz bestimmten Vorgaben geschehen muss, die den rituellen Waschungen vor dem Gebet entsprechen. Mund, Nasenlöcher, Hände, Gesicht, Kopf und Füße werden gewaschen, bevor zuerst die rechte und dann die linke Körperhälfte gereinigt wird. Dem Wasser können dabei wohlriechende Essenzen, wie etwa Kampfer, beigefügt werden.

Auch die Leichentücher, in die man den Toten nach der Waschung wickelt, können parfümiert sein. Drei weiße Tücher für einen männlichen Verstorbenen entsprechen der Kleidung, die bei der *ḥaǧǧ*, der Pilgerfahrt nach → Mekka, getragen wird. Einer weiblichen Toten stehen darüber hinaus noch ein Brusttuch und ein Kopftuch zu. Das größte dieser Tücher dient dazu, den ganzen Körper einzuhüllen. Es wird dann mit drei Stoffstreifen festgebunden. Nun kann der Leichnam auf eine Bahre gelegt werden.

Wenigstens das letzte Stück des Wegs zum Grab oder zum Ort, wo der Leichnam zum Totengebet aufgebahrt wird, tragen die Männer der Gemeinde ihn auf ihren Schultern. Dabei wechseln sie sich ab, denn es gilt als verdienstvoll. Der Trauerzug geht rasch und schweigend.

Das Totengebet ist ein Gemeinschaftsgebet, das unter freiem Himmel verrichtet wird. Der Leichnam wird so aufgebahrt, dass sein Gesicht nach Mekka weist, hinter ihm steht der Imam, der das Gebet der Gemeinde leitet. Um nicht den Anschein zu erwecken, man würde sich vor dem Toten verneigen, findet dieses → Gebet ohne Verbeugungen und Niederwerfungen statt.

Die Bestattung findet ohne Sarg statt. Auch die Stoffstreifen, die die Leichentücher zusammenhalten, werden gelöst, sobald der Tote im Grab liegt. Wer an der Bestattung teilnimmt, wirft drei Handvoll Erde ins Grab: »Daraus haben wir euch erschaffen, dazu lassen wir euch zurückkehren, daraus werden wir euch ein zweites Mal hervorbringen.« Danach wird das Grab verfüllt, und zwar von der Trauergemeinde selbst, und es werden letzte Gebete kniend am Grab gesprochen.

Die letzte Ruhestätte eines Muslims muss ein islamisches Grabfeld sein; der Islam lehnt es ab, Angehörige verschiedener Religionen nebeneinander zu bestatten. Ein ganz praktischer Grund dafür liegt in der vorgeschriebenen Ausrichtung der Gräber nach Mekka. Frauen nehmen an den Bestattungsriten nicht teil, allenfalls halten sie sich etwas abseits der Männer auf.

Nach dem Hinscheiden eines Menschen ist es üblich, meistens vierzig Tage nach dessen Tod, zusammenzukommen, um eine Koranrezitation und ein Mahl zu halten. Es wird der gesamte Koran gelesen, der dazu in Abschnitte gegliedert ist, die auf verschiedene Personen aufgeteilt werden.

Die Grabgestaltung soll möglichst schlicht gehalten bleiben, um die

Totenruhe nicht zu stören und dem Totenkult keinen Vorschub zu leisten. Wie das Judentum fordert der Islam für seine Verstorbenen eine Ruhefrist bis zum Tag der Auferstehung, was bedeutet, dass Friedhöfe eigentlich nicht eingeebnet oder Gräber neu belegt werden dürfen.

Beten
Muslime ständig?

Eigentlich ja, könnte man im Blick auf Sure 33:41 antworten. Dort heißt es: *Ihr Gläubigen! Gedenket unablässig Gottes!* Es folgt die Aufforderung, ihn morgens und abends zu preisen. Dieses unablässige Gottesgedenken haben sich besonders die → Sufis im wahrsten Sinne des Wortes zu Herzen genommen.

Der Islam kennt wie alle großen Religionen viele Arten des Gebetes. Bitt- und Dankgebete, mystisches Gebet, Gebete aus dem Koran, Segensgebete über die Propheten, Meditation und frei formulierte Gebete sind im Islam wie anderen Religionen auch bekannt. Etwas, was allerdings für den Islam charakteristisch ist, sind die rituellen Gebete, die fünfmal täglich zu verrichten sind.

Zum Gebet gehören verschiedene Voraussetzungen: die Zeit des Gebetes muss gekommen sein, die Absicht zu beten formuliert, die rituelle Reinheit vorhanden und die Richtung des Gebets festgestellt sein.

Das Gebet selbst besteht aus Anrufungen und Preisungen Gottes und im Wesentlichen aus der Rezitation koranischer Texte, zu denen in jedem Fall die erste Sure, die → Fatiha, gehört. Die Sprache des Gebetes ist Arabisch. Um das Gebet verrichten zu können, muss also jeder Muslim, auch wenn er nicht arabischstämmig ist, einige arabische Wendungen und vor allem einige Suren in der Originalsprache auswendig lernen.

Die Gebetszeiten richten sich nach dem Stand der Sonne. Man betet morgens, mittags, nachmittags, abends und nachts. Da die Zeiträume, in denen ein Gebet verrichtet werden kann, sich von Tag zu Tag und Ort zu Ort unterscheiden, bedient man sich eines Kalenders oder der Dienste des Muezzins, der den Beginn der Gebetszeiten ausruft.

Muslime beten in Richtung Mekka. Die Gebetsrichtung, *qibla*, hat noch zu Lebzeiten Muhammads einen Wechsel erfahren, denn während man zuerst in Richtung Jerusalem betete, wurde durch einen Koranvers die Richtung um 180° verändert und → Mekka zum Orientierungspunkt genommen.

Für diejenigen, die körperlich oder geistig nicht zur Verrichtung des Gebets und besonders der damit verbundenen Niederwerfungen in der Lage sind, aber auch für Reisende und Soldaten in Kriegshandlungen gibt es Erleichterungen und Ausnahmeregelungen, etwa zur Nachholung versäumter Gebete oder zum Zusammenlegen bestimmter Gebete. Menstruierenden Frauen ist wegen des islamischen Bluttabus das rituelle Gebet untersagt, was vielfach als Erleichterung empfunden wird.

Die Art und Weise des Gebets und der Waschungen geht darauf zurück, dass der Engel Gabriel zu Muhammad trat und ihm vormachte, wie sie zu vollziehen seien. Die Anzahl der Gebete geht auf die Geschichte von der Himmelsreise, *mi'raǧ* des Propheten zurück. Als Muhammad durch die verschiedenen Himmelssphären bis vor seinen Schöpfer aufsteigt, trägt dieser ihm fünfzig tägliche Gebete auf. Muhammad steigt wieder hinab, wird aber vom Propheten Mose aufgehalten und nach der Zahl der Gebete befragt. Mose erkennt, dass es zu viele sind und schickt Muhammad wieder hinauf, damit er um eine Erleichterung bittet. So geht es hin und her, bis schließlich nur noch die bekannten fünf Gebete übrigbleiben. Auch diese erscheinen dem Mose noch viel für eine schwache

Menschheit, aber Muhammad schämt sich, noch einmal um Verringerung zu bitten. Den Muslimen wird aber zugesagt, dass ihnen durch die Verrichtung der fünf Gebete ebensoviel Lohn zuteil wird, wie durch die ursprünglich veranschlagte Zahl.

Diese Himmelsreise des Propheten ist in gewisser Hinsicht Vorbild auch des Gebetes an sich, das sich als spirituelle Reise verstehen lässt und oft und gerne als kleine *mi`rağ* bezeichnet wird.

Ist Muhammad in der
Bibel
angekündigt?

Diese Frage ist ein Lieblingsthema aller christlich-islamischen Polemik und wird unter Einsatz aller zur Verfügung stehender Mittel »beantwortet« – selbstverständlich jeweils zu den eigenen Gunsten. Wo solche Debatten geführt werden, verlaufen sie in der Regel äußerst unerfreulich, denn meist geht es nicht um eine friedliche gemeinsame Suche nach der Wahrheit, sondern um erbitterte Tiraden – kein Wunder, denn wenn es so ist, dass der Prophet des Islams in der Hl. Schrift der Christen vorausgesagt ist, würde das dem gesamten Christentum mit einem Male den Teppich unter den Füßen wegziehen.

Aufhänger des Ganzen ist die Verheißung des »Beistands« im Johannesevangelium (16,26). Diese Stelle wird auf den Koran bezogen, wo es in 61:6 heißt: *Und als Jesus, der Sohn der Maria sagte: »Ihr Kinder Israels! Ich bin von Gott zu euch gesandt, um zu bestätigen, was von der Thora vor mir da war, und einen Gesandten mit einem hochlöblichen Namen zu verkünden, der nach mir kommen wird.«* Wenn man nun den biblischen Begriff, der den Beistand oder Tröster bezeichnet, *parakletos*, sprachlich ein wenig verbiegt, kann man aus ihm das griechische Wort *perykletos* machen, was »der Gepriesene« bedeutet. Einer der Namen Muhammads ist Ahmad und bedeutet erwartungsgemäß »der Gepriesene«. Um das zu untermauern, wird auf allerlei »alte Manuskripte« verwiesen, was die Situation für denjenigen, der mit diesen Themen konfrontiert wird, reichlich undurchschaubar macht – und wer beherrscht schon Griechisch, Aramäisch und Arabisch und ist in allen Details über die Entstehungsgeschichte von Bibel und Koran auf dem Laufenden? Wo alles nichts hilft, muss das sogenannte Barnabas-»Evangelium« herhalten, bei dem es sich aber offensichtlich um eine Fälschung aus dem Mittelalter handelt.

Sind
Bilder
bedrohlich?

Nein, aber der Umgang mit ihnen birgt seine Risiken. Wie das Judentum und das Christentum kennt auch der Islam das Verbot, sich Bildnisse von Gott zu machen und Götzen zu verehren. Bereits Abraham fragte seine Landsleute: *Wollt ihr denn etwas verehren, was ihr selber zurechtmeißelt, wo doch Gott euch und was ihr macht, geschaffen hat?* (37:95-96)

Der islamische Weg, mit diesem Problem fertig zu werden, besteht in der Ablehnung jeglicher kreatürlicher Darstellung, sei es im zweidimensionalen Bild oder in bildhauerischer Gestaltung. Denn wer etwas darstellt, bildet, erschafft, tritt in Konkurrenz zu dem, der alles geschaffen hat. Besonders problematisch wird dies, wenn es um die Abbildung beseelter Körper geht. In einem → Hadith heißt es, Muhammad habe gesagt: *Jemand, der ein Bild malt, den wird Gott so lange bestrafen, bis er das, was er dargestellt hat, zu bele-*

ben vermag. *Und dazu wird er nie in der Lage sein.* Einem Maler, der sich durch diese Aussicht in seinem Lebensunterhalt gefährdet sieht, rät einer der Gefährten des Propheten, nunmehr nur noch *diesen Baum dort oder andere unbeseelte Objekte* zu malen.

Das Bilderverbot des Islams geht zwar nicht unmittelbar auf eine koranische Weisung zurück, aber es hat sich sehr früh herausgebildet. In den Wüstenschlössern der ersten muslimischen Herrscher sind zwar noch verschiedene figürliche Darstellungen erhalten und auf Sitzkissen oder Teppichen scheute man sich anfangs nicht, beseelte Lebewesen abzubilden. Aber von dieser Art der Kunst verabschiedete sich der Islam recht schnell. Darstellungen von Menschen findet man in der Regel allenfalls in den Miniaturen der Buchillustratoren. Dort sind sie nicht nur klein sondern auch ohne persönliche Züge dargestellt. Das künstlerische Potential des Islams fand vor allem in der Kalligrafie ein eindrucksvolles und ihrem Wesen entsprechendes Betätigungsfeld.

Bilder besitzen im Orient noch heute große Macht. Wer die Allgegenwärtigkeit der Herrscherportraits verschiedener Länder einmal unter diesem Aspekt betrachtet, mag etwas von der Macht erahnen, die dem Bild zu Eigen sein kann.

21 Frage

Was sind
Bittgebete?

Bittgebete spielen neben dem rituellen Gebet eine große Rolle. Sie können in der Muttersprache gesprochen werden, und man kann sie eigenständig formulieren oder auf Vorlagen zurückgreifen, um Gott zu preisen, ihm zu danken, für andere und sich selbst um Vergebung zu bitten.

Solch ein Gebet, *du`a*, bietet sich z. B. nach dem rituellen Gebet an. Man bleibt sitzen und erhebt die Hände nebeneinander mit den Handflächen nach oben und leicht gekrümmten Fingern vor sich. Anrufungen und Preisungen können z. B. lauten:

O Gott, du bist der Urheber des Friedens und von dir geht Frieden aus. O Gott, vergib mir, meinen Eltern und meinen Lehrern und allen gläubigen Männern und Frauen und allen gehorsamen Männern und Frauen nach deinem Erbarmen. O du barmherzigster unter Allen, die Barmherzigkeit erweisen!

Eine besondere Rolle spielen solche Gebete im ši`itischen Islam. Dort gibt es regelrechte Psalmen, die Gott, seinen Propheten, dessen Familie (sein Haus) und die → Imame preisen. Für den → Ramadan gibt es eigene Tagesgebete, die den Gläubigen empfohlen sind. Auch Morgen- und Abendgebete, in denen der Betende um Segen für den Tag und einen wohlgefälligen Wandel bittet, bzw. für das Erlebte danksagt und es Gott anheim stellt, sind beliebt.

22 Frage

Ist der Islam missionarisch? –
oder: Was ist
da`wa?

Die Botschaft des Islams wendet sich prinzipiell an alle Menschen. Das Schicksal dessen, der ungläubig diese Welt verlässt, ist besiegelt: *Auf denen, die ungläubig sind und in diesem Zustand sterben, liegt der Fluch Gottes und der Engel und der Menschen insgesamt* (2:161). Positiv gewendet heißt dies, dass der Mensch, solange er lebt, ein potenzieller Muslim ist. Trotzdem findet sich im Koran kein expliziter Missionsauftrag, was immer wieder zu der Auffassung führt, dass es im Islam keine Mission gibt. Tatsächlich liegen die Dinge aber nicht so einfach.

Die Einladung, *da`wa*, zum Islam hat schon zu Zeiten Muhammads Bestand gehabt. Ein Hadith berichtet, Muhammad habe auf die Frage, ob man gegen die Feinde kämpfen solle, bis sie den Islam annähmen, geantwortet, man solle ihnen stattdessen langsam entgegengehen und ihnen die Pflichten eines Muslims gegen Gott darlegen. Einen einzigen Menschen auf diese Weise zu bekehrten sei besser als der Besitz roter Kamele.

Die Einladung zum Islam war über die längste Zeit nicht mit aktiven oder systematischen Bekehrungsversuchen verbunden. Allerdings änderte sich das spätestens zu dem Zeitpunkt, als die islamische Welt in Kontakt mit christlichen Missionsgesellschaften kam. Sowohl das caritative Wirken als auch die theologische Position der Missionare stellte eine Herausforderung dar. Um die eigene muslimische Identität zu stärken, mussten islamische Antworten auf theologische und soziale Fragen nicht nur gefunden, sondern auch zeitgemäß verpackt und verbreitet werden. Aus der Reaktion auf die christliche Mission ging eine zunehmend institutionalisierte islamische *da`wa* hervor. Besonders Reformer und Gruppierungen aus dem indischen Islam waren hier federführend.

Ein besonderes Phänomen stellt die → Ahmadiyya dar. Deren Position inner- oder außerhalb der islamischen Gemeinschaft ist zwar umstritten und unterliegt historischen Schwankungen, jedoch ist die missionarische Tätigkeit dieser Gemeinschaft so stark ausgeprägt, dass sie mit einem Augenzwinkern oft als Zeugen Jehovas des Islams bezeichnet werden.

Wann sind die ersten Muslime nach **Deutschland** gekommen?

Beziehungen zwischen Orient und Okzident hat es durch Handel, Kriege oder Reisende stets gegeben. Dass aber Deutschland eine tragfähige muslimische Gemeinde zu seiner religiösen Landkarte zählen darf, ist eine relativ neue Erscheinung.

Viele Muslime, die während der Türkenkriege als Gefangene hierher gebracht wurden, kehrten entweder irgendwann in ihre Heimatländer zurück oder nahmen die Religion ihrer neuen Umgebung an. Nur sehr spärliche Zeugnisse über nichtgetaufte Muslime, die bis zu ihrem Lebensende hierzulande blieben, liegen vor. Der älteste derzeit bekannte Grabstein datiert aus dem Jahre 1689. Ein kleiner Junge war als Teil der Kriegsbeute nach Westfalen gebracht worden und starb ungetauft, also als Muslim, auf Schloss Brake.

Der erste Weltkrieg brachte größere Gruppen von muslimischen Kriegsgefangenen nach Deutschland, die in speziellen Umerziehungslagern zum Wiedereintritt in den Krieg auf der Seite des Osmanischen Reichs gebracht werden sollten. Der Islam wurde zum Mittel der Propaganda; aus eigener Tasche ließ der Kaiser eine → Moschee – die erste auf deutschem Boden – errichten. Nach dem Krieg zerfiel der Holzbau jedoch und musste abgerissen werden. Die Gemeinde war engagiert aber zu klein und zerstreut, um ihn halten zu können.

Eine Blütezeit erlebte der Islam in Deutschland in den 20er-Jahren des 20. Jahrhunderts. 1925 errichteten die Lahore-Ahmadis die erste Moschee Deutschlands als Steinbau im Moghulstil. Das Gotteshaus in Berlin Wilmersdorf wurde zum Mittelpunkt des islamischen Lebens. Akademiker, Botschaftsangehörige, Exilanten und deutsche Konvertiten bildeten eine lebhafte und funktionierende islamische Gemeinde. Die Nazidiktatur und der Zweite Weltkrieg brachten deren Entfaltung an ein Ende. Keiner der islamischen Vereine Berlins hat nach dem Krieg weiterbestehen können. Die Wilmersdorfer Moschee befindet sich allerdings wieder unter der Betreuung durch die Lahore-Ahmadis.

Die muslimische Präsenz, die Deutschland heute prägt, geht im Wesentlichen auf die Arbeitsmigration zurück. Der Anwerbestopp 1973 hatte zur Folge, dass viele der vornehmlich türkischen Arbeitnehmer sich entschieden, in Deutschland zu bleiben und ihre Familien zu holen.

24 Frage

Beten Mystiker anders? – oder: Was ist *dhikr*?

Der *dhikr* ist eine typische Gebetsform der → Sufis. Wörtlich bedeutet *dhikr* »Gedenken«, wobei hier speziell das Gottesgedenken gemeint ist, zu dem auch der Koran aufruft.

In den Orden und Bruderschaften der Sufis haben sich ganz unterschiedliche Arten dieser Gebete entwickelt. Meist bestehen sie aus der Wiederholung bestimmter Anrufungen Gottes, die hundert- oder tausendfach – meist an einer speziellen Zahlenmystik orientiert – wiederholt werden. Dazu gehört eine besondere Atemtechnik und in einigen Gemeinschaften auch besondere Körperhaltungen und -bewegungen. Der gemeinschaftliche *dhikr* wird meist vom Scheich geleitet. Bei der Initiation in eine *tariqa* vergibt der Scheich nicht selten die Formel, die beim *dhikr* gebraucht werden soll. Die rhythmischen Wiederholungen und die Kontrolle des Atems führen zuweilen zu Bewusstseinsveränderungen und ekstatischen Zuständen. Bei solchen Wirkungen ist es unerlässlich, die »richtige« Formel zu benutzen, um keinen Schaden zu nehmen. Neben geheimen Formeln für initiierte Mitglieder gibt es allgemein gebräuchliche, wie etwa die → *šahada* oder Teile daraus oder Rufe wie *allah hu*, »O Gott, Er!«.

Die Sufiorden unterscheiden sich u. a. dadurch voneinander, wie sie den *dhikr* gestalten. Die Bandbreite reicht dabei von extrovertierten und spektakulären Gebetsweisen, die Musik und Tanz oder z. B. bei der Riafa´iyya lautes Heulen umfassen, bis hin zum stillen oder geheimen *dhikr* des Herzens.

Im Leben der Sufis spielt der *dhikr* eine wesentliche Rolle als prominenter Ort der Gotteserfahrung. Die mystische Weisheit strebt ein unablässiges Gottesgedenken an, um zur Einigung mit Gott zu gelangen, ist sich aber im Klaren darüber, dass der letzte Schleier der Trennung erst im Tod fallen wird, wo dann aller *dhikr* aufgehoben sein wird.

Die islamische Orthodoxie hat den *dhikr* wie viele andere Praktiken der mystischen Frömmigkeit oft verurteilt, sich damit aber nie wirklich durchsetzen können.

Der Koran selbst verheißt, dass das *Herz im Gedenken Gottes Ruhe findet* (13:28).

25. Frage

Wie versteht der Islam den interreligiösen **Dialog**?

Im Hinblick auf die Begegnung mit Juden und Christen birgt der Koran einen ganz besonderen Schatz: *Und streitet mit den Leuten der Schrift nie anders als auf eine möglichst gute Art*, heißt es in Sure 29:46, und in 5:48 kann man lesen: *Und wenn Gott gewollt hätte, hätte er euch zu einer einzigen Gemeinschaft gemacht … Wetteifert nun nach den guten Dingen! Zu Gott werdet ihr zurückkehren.*

Und dann wird er euch Kunde geben über das, worüber ihr uneins waret.

Darauf lässt sich ein fruchtbringendes Gespräch der Religionen gut gründen, soweit es sich um dem Islam vorangegangene monotheistische Religionen handelt. Aber es gibt darüber hinaus noch eine explizite Einladung zur Begegnung: *Sag: Ihr Leute der Schrift! Kommt her zu einem Wort des Ausgleichs zwischen uns und euch! Dass wir Gott allein dienen und ihm nichts als Teilhaber beigesellen, und dass wir uns nicht untereinander an Gottes Statt zu Herren nehmen* (3:64).

Die Auseinandersetzung mit Juden und Christen ist gewissermaßen integraler Bestandteil des Islams. Paradoxerweise macht aber die häufige Bezugnahme des Korans auf diese beiden Religionen den Dialog in der Praxis nicht immer ganz leicht. Von islamischer Warte aus kann es schnell überflüssig erscheinen, sich mit dem »realexistierenden Christentum« zu beschäftigen, gerade weil die wesentlichen Wegmarken zur Beurteilung christlichen Glaubens bereits koranisch abgesteckt sind.

Hinzu kommen erschwerend die vielen Belastungen und Verletzungen, die die Geschichte hinterlassen hat. Vielfach erscheint es so, als würden sie die Erinnerung an Zeiten fruchtbarer Koexistenz überlagern und die Hoffnung auf eine solche in der Zukunft ersticken.

Aber gerade unter den absurdesten und unmenschlichsten Lebensbedingungen kann der Dialog zu einer inspirierten und inspirierenden Größe werden, wie sich am Dasein der Trappistenmönche im algerischen Tibhirine aufweisen lässt, von denen sieben entführt wurden und am 21. Mai 1996 dem Terror der GIA zum Opfer fielen. Das Kloster *Notre Dame d´Atlas* war nicht nur ein geschätzter Ort der Solidarität mit der muslimischen Bevölkerung Algeriens, sondern auch des spirituellen Austauschs. P. Christian de Chergé berichtete: *Wenn wir Seite an Seite beten, wie wir es lange Zeit hindurch vor allem mit unseren Sufi-Freunden getan haben, er-*

*innern wir uns daran, dass wir uns zusammen auf einen »Weg«
(eine → tarîqâ) gemacht haben ... Der geistliche Wettkampf wird
so zur gegenseitigen Liebe, und es wird uns gemeinsam offenbar,
dass wir in dieselbe Richtung gezogen werden. Das bedeutet zu-
gleich das demütige Einverständnis, dass wir immer dahinter
zurückbleiben, die einen, wie die anderen.*

26 Frage

Wie lebt man als Muslim unter Nichtmuslimen in der **Diaspora**?

Als Muslim in einem nichtislamischen Umfeld leben zu müssen,
freiwillig oder aus Notwendigkeit, stellt den Einzelnen wie die -
Gemeinschaft oft vor erhebliche Schwierigkeiten und Herausfor-
derungen. Was in einer islamisch geprägten Gesellschaft ganz
selbstverständlich ist und allgemein anerkannt und gefördert wird,
kann in einer nichtislamischen zu einem abenteuerlichen Unterneh-
men werden.

Dies fängt bereits bei der individuellen Religionsausübung an.
Den Tagesablauf so zu planen, dass das Gebet nicht zu kurz
kommt, den Überblick über die zur Verfügung stehenden Speisen
zu behalten, die angemessene Zurückhaltung im Umgang mit dem
anderen Geschlecht zu wahren, zu → fasten, wo sonst vielleicht
niemand fastet, all dies ist in der Diaspora unter Nichtmuslimen ein
wenig umständlicher zu verwirklichen. Und auch der gutwilligste
Mensch wird es ermüdend finden, wenn er zum hundertsten Male
erklären muss, weshalb er die wohlgemeinte Einladung zur Grill-
party mit Würstchen und Bier nicht annehmen kann, weshalb muslimische Frauen ihr Haar bedecken und dergleichen. Handfeste Probleme können sich im Berufsleben ergeben, wenn etwa ein

muslimischer Jugendlicher eine Ausbildung als Koch absolviert, und es dann im zweiten Lehrjahr zum Eklat kommt, weil der Ausbildungsleiter für ihn keine Ausnahme vom Schlachten eines Wildschweins machen will.

Solange es jedoch allein um die persönliche Glaubenspraxis geht, lassen sich mit Pragmatismus und gutem Willen oft Lösungen finden. Schwieriger wird es, wenn es um die Religionsgemeinschaft als Ganze geht. Ein Problem, das regelmäßig auf den Nägeln brennt, ist die Frage, wie die Religion an die folgenden Generationen weitergegeben werden kann. Spätestens hier wird klar, dass es einer funktionierenden islamischen Infrastruktur bedarf, die den Gegebenheiten der jeweiligen Gesellschaft Rechnung trägt. Gebetsräume und → Moscheen, Koranschulen, Lebensmittelläden und eigene Grabfelder, religiöse Dienstleistungsunternehmen für Bestattungen und *haǧǧ*, die Wallfahrt nach → Mekka, sind nur einige der notwendigen Einrichtungen, um ein einigermaßen reibungsloses religiöses Leben zu ermöglichen.

27 Frage

Wie steht die Religion zum Staat? – oder: Was heißt *din wa daula*?

Dieses arabische Begriffspaar bedeutet soviel wie »Religion und Staat«. Idealerweise *ist* der Islam Religion und Staat. Man unterscheidet also nicht zwischen dem, was Gottes, und dem, was des Kaisers ist. Der Anspruch einer ganzheitlichen Lebensform, die die Geschicke des Staates und seiner Bürger auf eine religiöse Grundlage stellt, ist zwar heute kaum mehr zu verwirklichen, aber die Frage, wie das Verhältnis von Religion und Staat aussehen soll, ist weiterhin virulent.

Das ist nichts Neues, denn sie wurde durch die gesamte islamische Geschichte hindurch diskutiert. Zu Lebzeiten Muhammads waren die Verhältnisse eindeutig – die Leitung der Gemeinde oblag dem Propheten. Aber schon in den Auseinandersetzungen, die zur Spaltung in Sunniten und Ši'iten führte, war der Grundstein für wenigstens zwei gegensätzliche Ansichten darüber gelegt, wie das Gemeinwesen zu funktionieren habe und zu leiten sei.

Über das theoretische Verhältnis von Staat und Religion lässt sich natürlich zu allen Zeiten trefflich spekulieren, aber in der islamischen Geschichte hat die Religion nicht weniger als in anderen Teilen der Welt zur Legitimation der jeweils Herrschenden herhalten müssen.

Darüber, was ein islamischer Staat sei, scheiden sich die Geister, und oft ist es auch für den Nichtmuslim offensichtlich, dass besonders die Regime, die sich ausdrücklich »islamisch« nennen, kein Paradies auf Erden schaffen.

28 Frage

Kennt der Islam auch **Engel**?

Wer die Märchen aus 1001 Nacht kennt, weiß, dass es im Orient dramatische Folgen haben kann, eine am Strand gefundene Flasche zu öffnen – sie kann einen *ǧinn* enthalten. Wenn dieser nach tausend Jahren auf dem Meeresgrund seinem Finder keine Dankbarkeit erweist, muss man einige Überredungskunst anwenden, um ihn wieder in sein Gefäß zu bringen. Wem das gelingt, der bleibt nicht nur am Leben, sondern hat erfahrungsgemäß drei Wünsche frei. Alternativ kann man an einer Öllampe reiben.

Hinter diesen märchenhaften Geschichten steckt ein wahrer Kern, insofern der Islam nicht nur Engel kennt, sondern noch eine weitere Art von Geistwesen, die *ǧinn*.

Die Engel sind aus Licht, arab. *nur*, erschaffen, die *ǧinn*, aus Feuer, arab. *nar*. Die *ǧinn* sind intelligent und unsichtbar für das menschliche Auge. Wie die Menschen können sie gläubig oder ungläubig sein, gut- oder böswillig. Die 114. Sure des Korans ist ein Gebet, das Zuflucht bei Gott nimmt vor Unheil und heimtückischen Einflüsterungen, *sei es ein ǧinn oder ein Mensch*.

Am Jüngsten Tag werden die *ǧinn* für ihr Tun und Lassen zur Rechenschaft gezogen werden. Anders verhält es sich mit den Engeln. Als Lichtwesen sind sie rein von → Sünden und frei von körperlichen Bedürfnissen. Zwar werden sie am Ende der Zeiten sterben, aber nur, um unmittelbar wieder zum Leben erweckt zu werden und ohne Umwege ins → Paradies zu gelangen.

Es gibt eine ganze Reihe von Engeln, die namentlich oder in ihrer Tätigkeit bekannt sind. Der berühmteste ist sicher Ǧibril, Gabriel, durch den → Muhammad am Berg Hira zum Propheten berufen wurde, und der ihm die Verse des Korans überbrachte. Engel nehmen teil am → Gebet, bescheiden den Toten im Grab das Ergebnis eines ersten »Zwischengerichts«, überbringen göttliche Botschaften, bewachen Himmel und → Hölle, wirken als Schutzengel und verzeichnen die guten und schlechten Taten jedes Menschen.

Eine beliebte Vorstellung ist die der beiden edlen Schreiberengel, die zu diesem Zweck auf der rechten und linken Schulter des Menschen sitzen. Einige Muslime glauben, der Friedensgruß am Ende des Gebetes gelte diesen beiden Engeln – es kann ja nicht schaden, sich mit ihnen gut zu halten.

Andere Engel halten sich in höheren Sphären auf. Sie tragen Gottes Thron am Jüngsten Tag.

Der Glaube an die Engel ist fester Bestandteil des islamischen Glaubensbekenntnisses.

Weshalb ist der
Erbteil
für Frauen geringer
als für Männer?

Auf den ersten Blick sieht es aus wie eine himmelschreiende Ungerechtigkeit, aber wenn man das gesamte System in den Blick nimmt, macht es Sinn. Das ist indes leichter gesagt als getan, denn das islamische Erbrecht ist ein Kapitel für sich, dessen komplizierte Bestimmungen so manchen Kadi in Lohn und Brot gehalten haben. Die Bestimmungen, die der Koran (vor allem in 4:12-15) bietet, und die vorislamisches Erbrecht voraussetzen und modifizieren, wurden weiter ausgefeilt und systematisiert. Ein Beispiel: Einer Tochter steht, wenn sie keine Geschwister hat, die Hälfte der Erbmasse zu. Erben mehrere Töchter, ohne dass Söhne da wären, gehen zwei Drittel des Erbes an sie. In dem Fall aber, dass Töchter und Söhne vorhanden sind, steht jeder Tochter die Hälfte dessen zu, was jeder Sohn erbt.

Im Vergleich zu vorislamischen Bräuchen ist es neu, dass Frauen überhaupt erbberechtigt werden. Dass sie – sehr grob vereinfacht – dort weniger erben, wo sie neben männlichen Erbberechtigten erben, hat mit der islamischen Sicht der Familie zu tun. Zu deren Unterhalt brauchen Frauen nichts beizusteuern, denn es ist die Pflicht des Mannes, für Frau und Kinder zu sorgen. Das Vermögen der Frau wird dementsprechend weniger belastet als das des Mannes, denn sie beteiligt sich allenfalls freiwillig am familiären Budget. Die Erbregelungen schaffen hier einen Ausgleich. Problematisch wird es allerdings dort, wo die familiären Umstände sich gewandelt haben und nicht mehr dem Ideal der solidarischen Großfamilie entsprechen.

Gibt es im Islam
so etwas wie
Erbsünde?

Nein. Dem Koran zufolge lebten → Adam und Eva im → Paradies:
*Und wir sagten: »Adam! Verweile du und deine Gattin im Paradies,
und esst uneingeschränkt von seinen Früchten, wo ihr wollt! Aber
naht euch nicht diesem Baum, sonst gehört ihr zu den Frevlern!«*
(2:35) Es kommt, wie es kommen muss: *Da veranlasste sie der Satan,
einen Fehltritt zu tun, wodurch sie des Paradieses verlustig gingen*
(2:36). Eine andere Stelle führt aus, womit der → Satan Adam und
Eva dazu bewegen konnte, von dem verbotenen Baum zu essen:
*Euer Herr hat euch diesen Baum nur verboten, (um zu verhindern)
dass ihr zu Engeln werdet oder zu Wesen, die ewig leben* (7:20).

Hier wird also nicht ausdrücklich Eva für den Fehltritt verantwortlich gemacht. Und noch etwas ist an der islamischen Version der Geschichte interessant. Adam bereut nämlich die Tat, *und Gott wandte
sich ihm wieder zu. Er ist ja der Gnädige und Barmherzige* (2:37).
Nicht nur das, sondern Gott erwählt Adam und sichert ihm die
Rechtleitung zu – Adam wird der erste → Prophet der Menschheit.

Die Schöpfung ist gut, denn Gott hat *alles, was er erschaffen
hat, gut gemacht* (32:7), und daran ändert auch der Fehltritt der
ersten Menschen nichts. Deren Schuld wird vergeben und kann sich
nach islamischer Auffassung nicht auf die kommenden Generationen vererben. Jeder Mensch ist nur für das verantwortlich, was er
selbst getan und nicht getan hat, und niemand kann die Last eines
anderen tragen.

Die Konsequenz daraus ist, dass der Mensch nicht für erlö-
sungsbedürftig gehalten wird. Wo keine Erlösung gebraucht wird,
bedarf es auch keines Erlösers – hier liegt also einer der wesentlichen Punkte, in denen sich die islamische von der christlichen Sicht
unterscheidet. Diese theologische Vorgabe ist insbesondere dann

in den Blick zu nehmen, wenn man nach dem Sinn des → Leidens in der Welt fragt.

Eine auf allen Generationen lastende Erbsünde lehnt der Islam also ab, soweit man seine erste Quelle, den Koran betrachtet. Trotzdem konnten muslimische Frauen damit noch nicht aufatmen, in der Gewissheit, dass sie vom Vorwurf befreit wären, Übel in die Welt gebracht zu haben. Denn obwohl der Koran dafür keine Grundlage bietet, haben islamische Gelehrte schon recht früh ihre frauenfeindlichen Haltungen damit untermauert, dass sie biblische Vorstellungen quasi importierten. Tabari (gest. 923) betrachtete alles, was ihm am weiblichen Organismus bemitleidenswert und minderwertig erschien, wie etwa Menstruation, Geburtswehen oder Wochenbettbeschwerden als Strafe dafür, dass Eva sich vom Satan habe verführen lassen. *Die Vorstellung von der Urschuld der Frau wurde also schon bald adaptiert und integriert*, urteilt die Islamwissenschaftlerin Wiebke Walther.

31 Frage

Ist eine
fatwa
ein Todesurteil?

Im Gefolge der Auseinandersetzungen um den Schriftsteller Salman Rushdie hat sich der Begriff *fatwa* in den westlichen Medien verselbständigt. Die nach islamischem Recht höchst fragwürdige Vorgehensweise der iranischen Regierung, deren Mordaufruf um die Welt ging, schürte unter Missbrauch der Religion einen Hass, der mehrere Menschen in den Tod riss.

Mit einem Mal stand *fatwa* für das blinde Todesurteil barbarischer »islamischer« Regime, und in bestimmten Zeitungen war sogar der Begriff »Todesfatwa« zu lesen.

Dagegen kommt die tatsächliche Bedeutung des Wortes nur schwer an, denn sie ist im Wesentlichen unspektakulär.

Eine *fatwa* ist ein islamisches Rechtsgutachten. Gelehrte, die dazu ausgebildet sind, eine *fatwa* zu erstellen, heißen Mufti. Die Aufgabe des Muftis ist es, zu Fragen Stellung zu beziehen, die durch die Regelungen der *šari`a*, des islamischen Rechts, nicht eindeutig geklärt sind.

Der einzelne Gläubige, aber auch Gruppen und Institutionen können bei einem Mufti ein Gutachten in Auftrag geben. Im sunnitischen Islam ist dabei die Freiheit im Umgang mit dem Ergebnis größer als im ši`itischen, denn der ši`itische Mufti bindet den Auftraggeber an das Gutachten, das er erstellt. Im sunnitischen Islam ist der Auftraggeber freier; wenn er mit der *fatwa* nicht einverstanden ist, kann er einen anderen Mufti aufsuchen. Expertenmeinungen sind geschätzte Orientierungshilfen in den unterschiedlichsten Fragen.

So erhält sich das islamische Recht eine gewisse Flexibilität, vor allem in der Bewältigung neu auftauchender Schwierigkeiten, etwa in gesellschaftlichen Fragen oder solchen, die durch das Aufkommen neuer Technologien aufgeworfen werden.

32 Frage

Welche
Feste
gibt es im Islam?

Die beiden großen Feste sind das Opferfest, *idu-l-adhha*, auch »großes Fest« genannt, das am 10. des Monats Dhu-l-ḥiǧǧa beginnt, und das Fest des Fastenbrechens, *idu-l-fitr*, nach dem Ende des Ramadan. Das Fest des Fastenbrechens wird zwar manchmal »kleines Fest« genannt, aber den Kindern, die sich an ihm auf

Süßigkeiten freuen dürfen, kommt es sicher nicht unbedeutend vor. Wegen der Spezereien hat es auf Türkisch den Beinamen *şeker bayramı*, »Zuckerfest«, erworben.

Das Opferfest heißt auf Türkisch *kurban bayramı*. Beide Feste werden drei oder sogar vier Tage lang gefeiert. Dazu gehört als erstes ein besonderes Festgebet, zu dem man in der → Moschee zusammenkommt. Besuche in der Familie und danach auch bei Freunden schließen sich an.

Am Ende des Ramadan feiert man aus Dankbarkeit für den segensreichen Fastenmonat und aus Freude darüber, dass alle die Anstrengungen des Fastens gut überstanden haben, das Fest des Fastenbrechens.

Das Opferfest verbindet sich mit dem Gedächtnis des Opfers → Abrahams, dessen Glaubensgehorsam ein wichtiges Vorbild darstellt. Die Pilger, die sich zu diesem Datum auf der *hağğ*, der Wallfahrt nach → Mekka, befinden, schlachten im Gedenken an dieses Ereignis ein Opfertier. Auch in den Familien der Daheimgebliebenen soll geschlachtet werden und zwar nach islamischem Ritus durch Schächten des Tieres. Das Fleisch der Opfertiere kommt im wesentlichen den Armen und Bedürftigen zugute, jedoch muss auch der Geber ein wenig davon zu sich nehmen.

Neben diesen beiden Festen existieren noch zahlreiche weitere, die aber nicht allgemein verbindlich sind. Der Ašura-Tag etwa, der aus dem Judentum übernommen wurde, wird zwar von Sunniten und Ši`iten begangen, jedoch unter verschiedenen Vorzeichen. Im ši`itischen Islam existieren Feiertage, die sich auf die Leiden Hasans und Husayns in Kerbela beziehen oder das *id ghadir khum*, das daran erinnert, dass Muhammad nach ši`itischer Überzeugung am Teich *khum* Ali zu seinem Nachfolger bestellt hat.

Ein ganzer Festkranz rankt sich um das Leben Muhammads. Dessen Geburtstag, die Nacht seiner Himmelsreise, *laylatu-l-mi`rağ*, und weitere Stationen bieten Anlass zu Festlichkeiten, an denen Preisgedichte auf den Propheten rezitiert werden, man die

Moscheen nächtlich illuminiert, besondere Festspeisen reicht und dergleichen.

Daneben existieren die zahlreichen Festlichkeiten der → Sufis. Jährliche Wallfahrten zu den Schreinen heiliger Männer und Frauen bringen Scharen von Menschen auf die Beine, vor allem in Südasien. Der Gedenktag eines → Heiligen wird meist an dessen Todestag gefeiert, der dann als *urs* bezeichnet wird, was eigentlich »Hochzeit« bedeutet. Im Tod, so glaubt man, erlangt der Heilige endlich das Entwerden in Gott, den man liebt, und überwindet alle Trennung – eine mystische Sicht der Dinge.

33 Frage Wurde der Islam mit »Feuer und Schwert« ausgebreitet?

Ein Vorurteil, das dem Islam immer wieder entgegenschlägt ist das, er habe sich gewaltsam verbreitet, oder es gehöre gar zu seinem Wesen, Nichtmuslime gewaltsam zur Annahme des Glaubens zu zwingen. Beides ist falsch.

Ein Blick in die Geschichte zeigt, dass die Wege der Ausbreitung ganz unterschiedlich waren. Die Feldzüge des entstehenden islamischen Reiches hatten das Ziel, die Bewohner der eroberten Gebiete der Herrschaft des Islams zu unterwerfen, nicht aber, sie zwangsweise zu bekehren. Auch die für nichtmuslimische Minderheiten angesetzte Steuer, *ǧizya*, kann nicht ohne weiteres als Druckmittel betrachtet werden, denn einerseits war dieses Einkommen der islamischen Staatskasse nicht unwillkommen, und andererseits waren ihre Zahler von der Verpflichtung zum → *ǧihad* entbunden, d. h. sie mussten keine Kriege führen, wenn es um muslimische Interessen ging.

Die Ausbreitung des Islams folgte oft auch den Handelswegen. Händler brachten nicht nur den Austausch von Gütern sondern auch von religiösen Auffassungen. Nicht zuletzt spielten auch verschiedene → Sufiorden eine Rolle bei der Islamisierung besonders des indischen Subkontinents.

Es wäre sicher zu einfach, daraus schließen zu wollen, es habe nie gewaltsame Bekehrungsversuche gegeben – auch die Sufis können sich von diesem Vorwurf nicht ganz freisprechen, und die Geschichte des Balkans ist von Gewalt und Gegengewalt durchwoben. Pauschalisierungen sind hier jedoch vollkommen unangebracht.

Konflikte unter Muslimen –
oder: Was ist
fitna?

Fitna ist kurz gesagt das Schlimmste, was der islamischen Gemeinschaft passieren kann. Der eigentliche Wortsinn ist »Versuchung« oder »Probe«. Der Koran bezieht den Begriff auf den Versuch, Muslime zur → Apostasie, zum Abfall vom Islam, zu bewegen. Es geht um Situationen, in denen die Einheit der Gemeinde, der → *umma*, in Gefahr oder gar zerrüttet ist.

Neben den Auseinandersetzungen der Muslime mit den Mekkanern noch zu Lebzeiten Muhammads werden vor allem zwei Ereignisse der islamischen Frühzeit als *fitna* bezeichnet.

Nach der Ermordung Uthmans, des dritten Khalifen im Jahre 656 kam es zu Auseinandersetzungen, ob die Nachfolge von Ali oder von Mu`awiya anzutreten sei. Es kam zu kriegerischen Auseinandersetzungen der Anhänger Alis und derer Mu`awiyas. In der berühmten »Kamelschlacht« zog sogar Ayša mit zu Felde und feuerte von ihrem Kamel aus die Truppen gegen diejenigen Alis an. Ihr Name ist bei Ši'iten bis heute schlecht angesehen, und Hadithe, Berichte aus dem Leben des Propheten, die sie überliefert, werden von ihnen geringgeschätzt.

Ein weiteres Mal kam es zu großen Spannungen, als 684-692 zwei Khalifate bestanden.

Die Frage, wer die Gemeinde leiten sollte, war in der islamischen Frühzeit von größter Brisanz. Die Verletzung der Einheit der *umma* wog schwer, und die Frage, ob manche Muslime etwas »gleicher« als andere waren, ließ sich nicht vom Tisch wischen.

Der Kampf von Muslimen gegen Muslime war eine frustrierende und traumatische Erfahrung, deren Auswirkungen der *umma* noch heute vor Augen stehen, wenn sie ihre Spaltung in Sunniten und Ši'iten betrachtet.

35e Frage

Unterdrückt der Islam die **Frauen**?

Die Verhältnisse, in denen Musliminnen leben, werden nirgendwo ausschließlich durch die Religion bestimmt – am allerwenigsten dort, wo es so aussieht, als sei dies der Fall, wie etwa unter der Herrschaft der Taliban in Afghanistan. Zwischen einer malaysischen Geschäftsfrau, einer ägyptischen Bäuerin und einer deutschen Konvertitin liegen Welten, und ebenso zeigt die islamische Geschichte höchst unterschiedliche Lebensumstände von Musliminnen.

Vereinfacht kann man sagen, dass es zwar eine unbestrittene Gleich*wertigkeit* der Geschlechter gibt, dass sich daraus jedoch keine Gleich*berechtigung* in allen Lebensbereichen ableiten lässt.

Der Koran betont an vielen Stellen, dass gläubige Frauen wie gläubige Männer am Jüngsten Tag gerecht behandelt werden und ins Paradies gelangen. Ihre guten Taten werden beiden Geschlechtern gleichermaßen gelohnt: *Diejenigen aber, die handeln, wie es recht ist, männlich oder weiblich, und dabei gläubig sind, werden in das Paradies eingehen, und ihnen wird nicht ein Dattelkerngrübchen Unrecht getan.* (4:124)

Obwohl diese Gleichwertigkeit der Frau vor Gott besteht, sieht der Koran einen Rangunterschied zwischen Frauen und Männern: *Die Männer stehen über den Frauen, weil Gott sie ausgezeichnet hat und wegen der Ausgaben, die sie von ihrem Vermögen gemacht haben ... Und wenn ihr fürchtet, dass Frauen sich auflehnen, dann vermahnt sie, meidet sie im Ehebett und schlagt sie!* (4:34) Diese Stelle hat auch den islamischen Gelehrten einiges Kopfzerbrechen bereitet, und eine häufig vertretene Ansicht ist die, dass Gewalt hier als allerletztes Mittel genehmigt wird, um den Bestand einer Familie zu wahren. Das Schlagen habe dabei allenfalls eine symbolische Bedeutung; es dürfe nur etwa dem entsprechen, mit einem Zahnputzhölzchen die Frau gleichsam anzutippen.

Aus dem Hadith, den Berichten aus dem Leben Muhammads, lassen sich bezüglich der Frauen die unterschiedlichsten Haltungen herauslesen. Einmal kann es heißen, dass *die Mehrheit der Höllenbewohner Frauen* seien, ein andermal liegt *das → Paradies zu Füßen der Mütter.* Am Eheleben Muhammads kann man allerdings sehen, dass er seinen zahlreichen Ehefrauen mit Zuneigung und Achtung begegnete und keine von ihnen jemals schlug oder ungerecht behandelte. Auch der in zahlreichen – nicht nur islamischen – Ländern praktizierte Jungfräulichkeitskult, der die »Ehre« der Familie an der Unschuld der Bräute konkretisiert, findet im Leben des Propheten kein Vorbild; unter seinen Frauen waren, → Ayša ausgenommen, wiederverheiratete Frauen und Witwen.

Die klassische Rollenverteilung des Islams weist den Geschlechtern getrennte Lebens- und Wirkenssphären zu, wobei die Frau für

Haus und Kindererziehung zuständig ist und der Mann das öffentliche Leben bestreitet, die Familie materiell versorgt und sie nach außen vertritt.

Der Islam hat den Status der Frau im Vergleich zur vorislamischen Zeit zwar aufgewertet, indem er ihr Rechtsfähigkeit verlieh und sowohl die Tötung neugeborener unerwünschter Töchter wie auch den Brautkauf abschaffte, jedoch lassen sich nicht alle Regelungen mit den Vorstellungen heutiger Frauen harmonisieren. So ist die Ehescheidung auf Initiative der Frau sehr viel schwieriger zu erwirken als vom Mann aus. Die klassische Ansicht, dass die Zeugenaussage einer Frau vor Gericht nur halb so viel zählt, wie die eines Mannes, hatte in früheren Zeiten zum Ziel, es der Frau zu ermöglichen, sich vor Gericht durch eine weitere Frau »helfen« zu lassen, nicht, ihre Aussage abzuwerten. Regelungen des → Erbrechts waren auf die funktionierende Großfamilie zugeschnitten, um nur einige Beispiele zu nennen. Die Regelung, dass Frauen nicht als Staatsoberhäupter eingesetzt werden dürfen, hat die Vergangenheit nicht selten schlicht ignoriert.

Was machen Muslime am **Freitag**?

Der Freitag ist der Tag, an dem freie, erwachsene, männliche, ortsansässige, gesunde und im Vollbesitz ihrer geistigen Kräfte sich befindende Muslime um die Mittagszeit zum Freitagsgebet in die Moschee gehen. Die Mindestzahl der versammelten Männer liegt bei vierzig. Die Teilnahme am Freitagsgebet ist den Frauen aus Rücksicht auf ihre familiären Verpflichtungen freigestellt.
Zum Freitagsgebet gehört nicht nur das gemeinschaftliche → Ge-

bet, sondern auch die *khutba*, die Predigt, die der *khatib* von der Stufenkanzel, *minbar*, aus hält. Diese Predigt wird in der Landessprache gehalten, bzw. in der Sprache, die die meisten der anwesenden Gläubigen verstehen können. Mittlerweile wird in einigen wenigen Moscheen auch regelmäßig oder zu besonderen Anlässen in deutscher Sprache gepredigt.

Die Predigt soll kurz und prägnant sein, einen Impuls für die kommende Woche geben, keine Politik von der Kanzel betreiben… Die Wunschliste muslimischer Predigthörer könnte auch mancher Christ unterschreiben. Besonders die Ausklammerung der Politik ist eine eher neuzeitliche Forderung, war doch die Erwähnung des Herrschers vor der Freitagsgemeinde ein Baustein in dessen religiöser Legitimierung.

Die Wahl des Freitags als Versammlungstag der Gemeinde mag damit zusammenhängen, dass man sich so vom jüdischen Sabbat und vom christlichen Sonntag abgrenzen konnte.

Dabei ist der Freitag kein Ruhetag, und er ist auch nicht mit einer theologischen Sinngebung erfüllt, wie Sabbat und Sonntag. Ein Hadith, d. h. eine Überlieferung aus dem Leben Muhammads, sieht die Tatsache, dass der Freitag im Wochenablauf *vor* Samstag und Sonntag liegt, im Zusammenhang damit, dass nun die Muslime gleichermaßen den ersten Rang hinsichtlich der göttlichen Rechtleitung einnähmen.

Vor und nach dem Gebet kann man seinen Geschäften nachgehen, aber zur Zeit des Gebetes soll der Handel ruhen, heißt es in Sure 62:9.

Am Freitag soll man vor dem Besuch der → Moschee die Ganzwaschung vollziehen und die beste Kleidung tragen.

Was ist islamischer
Fundamentalismus?

Der Fundamentalismus ist keine islamische Erfindung, sondern er hat amerikanisch-christliche Wurzeln. Dass es auch im Islam zur Entstehung einer Bewegung kam, die ihre Unzufriedenheit durch Rückgriff auf religiöse Prinzipien lösen zu können glaubte, ist nicht verwunderlich. Da der Islam zur Ideologie reduziert und uminterpretiert wurde, spricht man allerdings angemessener vom Islamismus.

Die Erfahrung, die die islamische Welt mit dem Kolonialismus machen musste, war in vieler Hinsicht demütigend. Weder arabischer Nationalismus oder Panarabismus noch Sozialismus erwiesen sich als tragfähige Systeme, um die deprimierende Situation zu verbessern, zumal eine wirkliche Auseinandersetzung und geistige Durchdringung kaum stattfinden konnten. Der Rückgriff auf die eigene, erprobte Tradition scheint da nahe zu liegen, aber es ist ein Trugschluss, zu glauben, dies könnte es ersparen, sich den heutigen Problemen der islamischen Welt, allen voran eine extrem ungerechte Verteilung von Reichtum und Bildung, unbefangen zu stellen. »Der Islam ist die Lösung!«, lautet eine Propagandaformel der Islamisten, aber auch im Islam gilt, dass Gott keine anderen Hände hat als unsere. Es reicht nicht aus, sich pauschal auf das goldene Zeitalter des Islams zu beziehen und das Gemeinwesen zum Vorbild zu nehmen, das → Muhammad in → Medina geleitet hat, als könne man es 1:1 in die Gegenwart übertragen, wie Islamisten es propagieren. Wo sie tatsächlich an die Macht gelangen, bricht unweigerlich etwas zusammen, entweder das regierbare Staatswesen oder die Illusionen der Fundamentalisten über das Machbare.

38. Frage

Was war vor dem Islam? – oder: Was versteht man unter *ğahiliya*?

Die *ğahiliya*, die (Zeit der) Unwissenheit, ist das Etikett, mit dem man die vorislamische Lebensweise auf der arabischen Halbinsel belegt. Die islamische Geschichtsschreibung zeichnet hier ein Bild, das in deutlichem Widerspruch zum Islam steht. Vor einem solchen Hintergrund hebt sich natürlich die neue Religion um so positiver ab.

An der vorislamischen Lebensweise wird kaum ein gutes Haar gelassen.

Die Lebensführung der Menschen wird als im wesentlichen korrupt und unmoralisch betrachtet, die Rechtlosigkeit von Frauen und Sklaven beklagt und die religiöse Orientierung der Mekkaner vollständig verurteilt.

Die religiöse Landkarte des vorislamischen Arabien enthielt versprengte Christen, wahrscheinlich meist Häretiker, die dort einigermaßen unbehelligt leben konnten, verschiedene jüdische Stämme und war ansonsten überwiegend vom → Polytheismus gezeichnet. Der Himmel über Arabien war von einer ganzen Reihe verschiedener Göttinnen und Götter bevölkert, an die man sich in verschiedenen Lebenslagen wandte, und die man in figürlichen Darstellungen verehrte.

Die Gottheiten hatten verschiedene Zuständigkeitsbereiche, manche wurden nur lokal verehrt, andere waren allgemein akzeptiert. Unter dem Namen Allah war eine Hochgottheit bekannt. Die Stadt Mekka stand vor allem unter dem Einfluss des Gottes Hubal, der auch einfach »Herr« oder »Gott« (Allah) genannt wurde und dessen Heiligtum sich in der Ka`ba befand. Des Weiteren standen drei Göttinnen hoch im Kurs, Lat, Uzza und Manat. Mekka war Zentrum von Wallfahrten, die durch die damit verbundenen heiligen Monate, in denen kriegerische Handlungen untersagt waren, der Stadt wirtschaftlich von großem Nutzen waren. Der Koran spiegelt die altarabische Götterwelt noch wider, wenn er die Vorwürfe zitiert, die die Mekkaner gegen den Propheten erhoben: *Will er denn aus den Göttern einen einzigen Gott machen? Das ist doch merkwürdig!* (38:5)

Der Glaube der Mekkaner gilt den Muslimen als *širk*, Beigesellung, was als unverzeihliche Sünde schlechthin angesehen wird.

Heute dient der Begriff der *ǧahiliya* in manchen Zusammenhängen dazu, ganze Staaten religiös verbrämt abzuqualifizieren. Der Vergleich mit der *ǧahiliya* fasst dann in einem einzigen Wort den Vorwurf zusammen, diese oder jene Gesellschaft sei grundsätzlich unislamisch.

Weshalb trinken Muslime nicht aus **goldenen Gefäßen**?

Aus dem Leben → Muhammads ist überliefert, dass er in diesen Dingen eine sehr schlichte Lebensführung bevorzugte. Ein Gefährte des Propheten wusste zu berichten: *Niemals sah ich den Propheten aus kostbarem Geschirr essen!*

Verschwendung ist eine Sünde: *Diejenigen, die verschwenderisch sind, sind Brüder der Satane*, heißt es im Koran (17:27). Muhammad soll gesagt haben: *Esst, trinkt, kleidet euch und gebt Almosen! Aber tut es ohne Übertreibung und ohne Hochmut!* Seine Warnung vor Stolz, Übertreibung und Eitelkeit bezog sich nicht selten auf ganz konkrete Anlässe und Formen. Für einen muslimischen Mann schickt es sich nicht, seidene Gewänder zu tragen, denn wer das tut, *wird im Jenseits keine solchen Kleider tragen.* Auch goldene Ringe sind kein geeigneter Schmuck für Männer. Frauen ist Seide wie Gold erlaubt. Schmuck ist eine traditionelle Kapitalanlage für sie.

Was ist ein
Hadith?

Das Leben Muhammads, seine Taten, Gewohnheiten und Aussprüche, Alltägliches wie Außergewöhnliches, sind für Muslime von großem Interesse, weil sie sich an seinem Gauben und Leben orientieren können.

Sehr früh hat man daher begonnen, die Erinnerung an ihn lebendig zu halten. Überlieferungen über ihn wurden weitererzählt und gesammelt. Man nennt sie Hadithe. Die beiden berühmtesten Sammlungen stammen von Al-Bukhari (geb. 810) und Muslim (geb. 817). Im selben Jahrhundert erstellten vier weitere Gelehrte unter großem Aufwand und weiten Reisen solche Sammlungen: Abu Daud, Tirmidhi, An-Nasa`i und Ibn Maġa. Dabei handelt es sich um vielbändige Werke, die eine große Zahl von Überlieferungen nach Sachgebieten ordnen.

Bei der Zusammenstellung interessierten sich die Gelehrten nicht nur für den Inhalt des Hadithes, sondern auch für die Menschen, die es überliefert hatten. Zu einem Hadith gehören daher eigentlich zwei Komponenten: der Text, *matn*, dessen Inhalt im Einklang mit dem Koran stehen muss, und die Kette der Überlieferer, *isnad*. An die Integrität der Frauen und Männer, die die Berichte überlieferten, wurden hohe Ansprüche gestellt. Ebenso versuchten die Gelehrten sicherzustellen, dass sich die Überlieferer auch tatsächlich getroffen haben. In dem Maße, in dem ein Hadith diesen Vorgaben standhält, wird es in Kategorien eingeordnet: von *sahih*, gesund, über *hasan*, schön, gut, bis zu *da`if*, schwach, reicht die Palette. Nur gesunde und schöne Hadithe kommen für die Rechtsfindung in Frage.

Der Inhalt der Hadithe ist sehr breit gestreut. Muslime gewinnen daraus Aufschluss über bestimmte religiöse Verpflichtungen, die konkretisiert werden, über Regeln des sozialen Umgangs, aber auch über rechtliche Fragen und vieles mehr.

Die großen Sammlungen sind in ihrer Fülle eher etwas für das gelehrte Studium als für den gewöhnlichen Gläubigen. Es existieren daher kleinere Zusammenstellungen, die den *isnad* weglassen und ausgewählte Hadithe bringen. Eine beliebte kleine Sammlung ist die des Muhiuddin Abu Zakariya An-Nawawi (geb. 1230), der vierzig Hadithe auswählte und kommentierte, die ihm besonders bedeutsam erschienen.

41 Frage

Was hat der
Halbmond
mit dem Islam zu tun? –
oder: Gibt es islamische Symbole?

Wie das Christentum optisch mit dem Kreuz auf eine Formel gebracht wird und das Judentum mit dem Davidstern, so ist vielerorts für den Islam der Halbmond das Erkennungszeichen schlechthin. Die schmale Sichel des Neumondes, arabisch *hilal*, hat zwar an sich keine religiös-symbolische Bedeutung, aber der Neumond spielt in der islamischen Glaubenspraxis eine große Rolle. Die Sichtung des Neumondes (oder auch seine astronomische Berechnung) ist für die Bestimmung solcher Anlässe wie des → Fastenbeginns oder der Wallfahrt von Bedeutung.
Die Darstellung der Mondsichel dient nicht nur als Erkennungs-

zeichen für medizinische Ambulanzen (Roter Halbmond) oder Erste-Hilfe-Kästen, sondern oft auch als Schmuck. Minarette oder Moscheekuppeln tragen sehr häufig Halbmonde als Abschluss. Hochkonjunktur hat der *hilal* auf den Flaggen der verschiedenen Nationalstaaten. Sogar die laizistische Türkei kommt nicht ohne Halbmond und Stern aus.

Mit dem Islam wird häufig auch die Farbe Grün verbunden. Eine beliebte Erklärung dafür ist die, grün sei die Lieblingsfarbe Muhammads gewesen. Nachkommen des → Propheten aber auch *haǧǧis*, Menschen, die die Wallfahrt nach → Mekka absolviert haben, trugen daher gerne grüne Kopfbedeckungen. In der Mystik gilt Grün als die Farbe der Vollkommenheit.

Wie lebt es sich im
Harem?

Haram bedeutet verboten, heilig, unantastbar, und das kann sich sowohl auf die Privaträume einer Familie beziehen, wie auch auf heilige Orte. Der Moscheebezirk Mekkas wird *haram* genannt. Desgleichen nennt man die Städte Mekka und Medina »die beiden Heiligen«, *haramayn*. Auch der Begriff *ihram* für den Weihezustand während der *haǧǧ* , der Wallfahrt nach Mekka, ist damit verwandt. *Haram* ist ebenfalls eine Klassifizierung im System des Erlaubten und Verbotenen. Schweinefleisch etwa ist *haram*. In vorislamischer Zeit gab es heilige Monate, in denen es verboten war, kriegerische Handlungen und Überfälle auf Karawanen durchzuführen.

Die Schaffung eines besonderen Wohnbereichs für die Frauen einer Familie hat die unterschiedlichsten Ausprägungen erfahren, je nach Zeit, Ort, kulturellem und nicht zuletzt finanziellem Hintergrund. Die Grundidee, dass die Lebenssphären von Männern und Frauen insoweit zu trennen sind, als es um Personen geht, die nicht in einem verwandtschaftlichen Verhältnis zueinander stehen, geht auf die Zeit des Propheten zurück. Dessen Frauen wurden durch die vielen Bitten fremder Männer so sehr belästigt, dass ein Koranvers herabgesandt wurde: *Und wenn ihr die Gattinnen des Propheten um etwas bittet, das ihr benötigt, dann tut das hinter einem Vorhang! Auf diese Weise bleibt euer und ihr Herz rein.* (33:53)

Die klassische Aufteilung eines islamischen Haushaltes sieht einen Bereich vor, zu dem Männer, die nicht zur Familie gehören, keinen Zutritt haben. Oft ist dieser Bereich auch architektonisch so angelegt, dass ein Besucher nicht einmal einen zufälligen Blick in diese Privatsphäre werfen kann, denn die Frauen möchten sich dort unbeobachtet bewegen können.

43 Frage

Gibt es im Islam **Heilige**?

Das kommt darauf an, wen man fragt. Volksfrömmigkeit und → Sufismus halten daran fest, dass es Menschen gibt, die zu Lebzeiten aber auch nach ihrem Tod um Fürsprache angerufen werden können. Zahlreiche Heiligengräber in fast allen Teilen der islamischen Welt führen dies vor Augen. Heilige Frauen und Männer bittet man in den verschiedensten Lebenslagen um Rat oder ihr Gebet, wobei sich nicht selten »Spezialisierungen« ergeben, wenn sich etwa eine Heilung herumspricht. Oft legen Gläubige ein regelrechtes Gelübde ab. Wer seine Bitten erfüllt findet, kann beispielsweise den

Schrein eines Heiligen mit einem Reisigbesen ausfegen, und es finden regelrechte Wallfahrten zu solchen Orten statt.

Auch wenn der islamische Heiligenkult äußerlich in vielem dem des – katholischen und orthodoxen – Christentums ähnelt, darf man es sich nicht so vorstellen, als sei sein Stellenwert innerhalb des Islams unumstritten und verbindlich geregelt. Es gibt auch keine verbindlich geregelten Verfahren zur Heiligsprechung. Die Rolle der Protestanten nimmt hier sozusagen die islamische Orthodoxie ein, die sich vehement gegen diese Form der Religiosität stellt. Der strittige Punkt ist dabei, ob es legitim ist, Mittler zwischen den einzelnen Gläubigen und Gott zu stellen. Auf höherer theologischer Ebene hat es dazu immer wieder Versuche gegeben, zu einem Ausgleich der Positionen zu gelangen.

In der Neuzeit hat mit dem Wahhabitentum in Saudi Arabien eine Bewegung Auftrieb gewonnen, die eine besonders puristische Position vertritt. Dort wird der Heiligenkult derart kritisch gesehen, dass er sogar als Gefährdung des Monotheismus gilt. Als die Wahhabiten 1804 Medina und 1806 zum zweiten Mal Mekka in ihre Gewalt brachten, zerstörten sie die Grabstätten bedeutender Persönlichkeiten des frühen Islams. Es mögen politische Erwägungen gewesen sein, die verhinderten, dass auch das Grab → Muhammads diesem Akt zum Opfer fiel. Die Pilger, die es heute besuchen, werden allerdings von den Ordnern daran gehindert, eine Frömmigkeit zu praktizieren, die deren Islamverständnis zuwiderläuft.

Kennt der Islam
Himmel und Hölle?

Ja, und zwar ziemlich drastisch, möchte man sagen. Die frühen Ver-
kündigungen → Muhammads stellten den Menschen Himmel und
Hölle sowie das Ende der Welt und den Jüngsten Tag in sehr deutlichen Bildern vor Augen.

Die Schilderungen, die der → Koran bietet, stellen Paradieses-
freuden und Höllenqualen sehr plastisch dar.

Das Paradies wird als Garten gedacht, genauer als mehrere
Gärten, in denen die sprichwörtlichen Bäche von Milch und Honig
fließen: *Das Paradies, das den Gottesfürchtigen versprochen ist, ist
so beschaffen: In ihm sind Bäche mit Wasser, das nicht faul ist, andere mit Milch, die unverändert schmeckt, andere mit Wein, den zu
trinken ein Genuss ist, und andere mit geläutertem Honig. Sie (d. h.
die Gottesfürchtigen) haben allerlei Früchte und Barmherzigkeit von
ihrem Herrn (zu erwarten).* (47:14) Der Wein im Paradies wird von
Knaben gereicht, und er macht vor allem keine Kopfschmerzen
(vgl. 56:17-19). Den Gläubigen erwarten schattige Ruheplätze auf
brokatenen Kissen. *Und die Früchte hängen tief … Darin (d. h. in
den Gärten) befinden sich, die Augen sittsam niedergeschlagen,
weibliche Wesen, die vor ihnen weder Mensch noch ğinn entjung-
fert hat … Sie sind so strahlend schön, als wenn sie aus Hyazinth
und Korallen wären.* (55:56-58) Wer ins Paradies eingehen darf,
findet dort zwar eine ganze Reihe sinnlicher Freuden vor, aber es
wäre falsch, die Paradiesvorstellungen darauf zu reduzieren, denn
das Wichtigste, was den Gläubigen dort erwartet, ist das Wohlge-
fallen Gottes: *Gott hat den gläubigen Männern und Frauen Gärten
versprochen, in deren Niederungen Bäche fließen, dass sie darin
weilen, und gute Wohnungen in den Gärten von Eden. Aber Wohl-
gefallen Gottes bedeutet mehr (als all dies). Das ist das große*

Glück. (9:72) Die Frage, ob es eine Gottesschau gibt, haben musli-mische Gelehrte unterschiedlich beantwortet. Diejenigen, die dies befürworten, halten allerdings daran fest, dass es um ein gnaden-haftes Geschehen geht.

Die Schilderungen der Hölle stehen in ihrer Deutlichkeit denen des Paradieses nicht nach. Ausführlich werden die Qualen be-schrieben, die das Höllenfeuer den Sündern in Aussicht stellt, und die verschiedenen Instrumente aufgezählt, mit denen sie gepeinigt werden. *Fesseln und Ketten an ihrem Hals* gehören dazu, an denen sie *in das heiße Wasser gezerrt werden und hierauf das Höllen-feuer mit ihnen geschürt wird.* (40:71-72)

45 Mit wem ist die **Hochzeit** möglich?

Die Ehe ist im Islam eine vertragliche Bindung, die allerdings auf Dauer angelegt ist – von den erlaubten Dingen wird die Eheschei-dung von Gott am wenigsten gern gesehen.

Allerdings darf nicht jeder jeden heiraten. Sowohl bestimmte Verwandtschaftsgrade als auch Religionsverschiedenheit schrän-ken die Wahl der Partner ein. Verwandtschaft wird dabei nicht al-lein durch Abstammung gestiftet, sondern ergibt sich auch durch das Stillen. Bluts- oder Milchverwandtschaft in bestimmten Graden ist ein Ehehindernis.

Die Religionszugehörigkeit spielt eine wichtige Rolle. Für einen muslimischen Mann ist es erlaubt, mit bis zu vier Frauen gleichzeitig verheiratet zu sein. Diese Frauen können islamischen, christlichen oder jüdischen Glaubens sein, und sie müssen einen sittsamen Le-benswandel führen. Der Koran führt dies in 5:5 aus. Muslimische

Frauen hingegen können stets nur mit einem Mann verheiratet sein, der Muslim sein muss. Für Männer gilt, dass die Ehe mit einer Partnerin, die nicht den → *ahlu-l-kitab* angehört, also gläubige Jüdin oder Christin ist, ungültig ist. Kein Muslim kann mit einer Atheistin verheiratet sein.

Diese Regelungen erscheinen zunächst als Benachteiligung der Frau. Man sollte näher hinsehen, um sie besser einschätzen zu können. Der Islam hat ein Interesse daran, dass Kinder, die aus einer religionsverschiedenen Ehe hervorgehen, ebenfalls islamisch erzogen werden. Dies hält man für gewährleistet, wenn das Familienoberhaupt – nach islamischer Ansicht also der Vater – dem Islam angehört; das Kind folgt der Religion des Vaters. Heiratet eine Muslimin einen Nichtmuslim, besteht die Befürchtung, dass deren Kinder nicht die Religion der Mutter annehmen werden, und dass die Religionsausübung der Frau nicht gewährleistet ist. Der Islam kennt Judentum und Christentum als vorislamische Religionen und garantiert der nichtmuslimischen Ehefrau Religionsfreiheit. Im Falle der muslimischen Ehefrau kann man jedoch nicht davon ausgehen, dass ein jüdischer oder christlicher Ehemann die Religion seiner Frau respektiert.

Die Ehe mit einer Jüdin oder Christin gilt vielen Gelehrten als wenig erstrebenswert. Die Mutter ist für die Erziehung der Kinder – wenigstens der Kleinkinder – zuständig, und eine nichtmuslimische Mutter kann den Kindern natürlich keine islamische Erziehung geben. Besonders im Falle einer Christin ist damit zu rechnen, dass sie, da sie den rituellen Vorschriften des Islams nicht unterworfen ist, Stoffe und Speisen in den Haushalt bringt und verzehrt, die für ihr islamisches Umfeld eine Quelle der rituellen Verunreinigung darstellen. Dahinter müssen nicht immer tiefschürfende theologische Überlegungen stehen. Man mag bedenken, dass die Vorstellung, eine so intime Beziehung wie eine Ehe mit einem Menschen einzugehen, der mit Dingen umgeht, die beim Partner körperliche Abscheu auslösen, belastend sein kann.

In der Praxis werden die Beschränkungen vor allem in der Diaspora und in prominenten Kreisen (im Mai 2001 Elif Sözen und Peter Kohl) nicht selten unterlaufen, was keine ganz einfache Situation schafft, denn die Ehe einer Muslimin mit einem Nichtmuslim bleibt so lange ungültig, bis der Mann sich entschließt, zum Islam zu konvertieren. Vor leichtfertigen »Scheinkonversionen« ohne Überzeugung kann allerdings nur gewarnt werden, denn wer danach den Ernst der Lage erkennt und sich wieder seiner bisherigen Religion zuwendet, verschärft das Problem noch um den Vorwurf der Apostasie, des Abfalls vom Islam.

Was sagt der Islam zu **Hunden**?

In kaum einem muslimischen Haushalt wird man einen Hund als Haustier vorfinden. Hunde gelten als unrein, wobei sich die Rechtsschulen in ihren Auffassungen darüber unterscheiden, ob nun der ganze Hund unrein ist oder etwa nur sein Maul und der Speichel des Tieres. Hat ein Hund aus einem Gefäß getrunken, muss es rituell gereinigt werden, bevor es wieder für den menschlichen Gebrauch geeignet ist.

Hunde haben ihre Aufgaben als Wach-, Hirten-, Jagd- oder in neuerer Zeit auch als Blindenhunde; »Schmusetiere« sind sie nicht.

Allerdings gibt es trotz dieser eher negativen Perspektive einen Lichtblick für die Vierbeiner: Ein Vertreter ihrer Art hat es geschafft, im Koran Erwähnung zu finden. In der 18. Sure wird von den Siebenschläfern erzählt, deren *Hund mit ausgestreckten Beinen am Eingang liegt* (18:18).

Dass Hunde unrein sind, bedeutet allerdings nicht, dass man sie schlecht behandeln dürfte. In einem Hadith, einem Bericht aus dem Leben Muhammads, wird die Geschichte eines vorbildlichen Mannes erzählt, den auf Reisen Durst quält. Als er endlich einen Brunnen findet und seinen Durst stillen kann, trifft er dort einen Hund an, der so durstig ist, dass er feuchte Erde frisst. Den Mann überkommt Mitleid mit dem Tier, und er steigt ein weiteres Mal in den Brunnen hinab, schöpft mit seinem Schuh Wasser daraus und lässt den Hund trinken.

47 Frage

Heißt
inšallah
soviel wie »hoffentlich«?

Im Umgang mit Muslimen fällt Nichtmuslimen meist auf, dass man im Islam ganz anders mit dem → Namen Gottes umgeht, als man es im christlichen Kulturkreis gewöhnt ist. Muslime machen gerne und häufig vom Gottesnamen Gebrauch und flechten ihn immer wieder in ihr Sprechen ein. Nun darf man nicht vermuten, das hinge mit mangelnder Ehrfurcht zusammen, ganz im Gegenteil. Es ist Ausdruck dessen, dass Gott »dazugehört«.

Wie jede Sure des Korans, ausgenommen die neunte, mit den Worten *bismillahi-r-rahmani-r-rahim* beginnt, so stellt man auch jede neue Handlung und Tätigkeit unter den Segen dieser Worte. Ob man sie nun »im Namen Gottes, des Gnädigen, des Barmherzigen« oder »mit dem Namen Gottes…« übersetzt, ist wohl letztlich nebensächlich. Einige Muslime fürchten, die Übersetzung »im Namen« könnte eine zu große Nähe zur christlichen Formel »im Namen des Vaters und des Sohnes und des Heiligen Geistes« suggerieren.

Begegnet einem Muslim etwas Freudiges oder Schönes, ist der Ausruf *mašallah*, angebracht, »was hat Gott (da Schönes) gemacht!«. Diese Worte stehen auch oft auf kleinen Anhängern oder zieren die Schärpe von türkischen Jungen am Tag der Beschneidung. Eher schlichtere Gemüter glauben, dass sie Neid und bösen Blick abwehren.

Eine Wendung, die sehr tief im islamischen Lebensgefühl verwurzelt ist, ist *al-hamdulillah*, »Dank sei Gott!«. Man beendet keine Mahlzeit, ohne wenigstens diese Worte als Dankgebet zu sprechen. Und auch auf die Frage nach dem Befinden folgt stets – gleichgültig wie desperat die Lage objektiv auch sein mag – *al-hamdulillah*, um auszudrücken, dass man den Willen Gottes annimmt. Auch der Ausruf *subhanallah*, »hochgelobt sei Gott!« ist beliebt.

Die bekannteste dieser Formeln ist sicher *inšallah*, »so Gott will!«. Sie wird immer dann benutzt, wenn es um eine in der Zukunft stattfindende Handlung geht. Wenn jemand vergisst, *inšallah* zu sagen, wird es ein anderer für ihn aussprechen. Manchem Nichtmuslim, der mit diesem Habitus nicht vertraut ist, fällt es nicht immer ganz leicht, zu entscheiden, wann »wir sehen uns morgen, *inšallah*!« Ausdruck der Frömmigkeit ist und wann es eher ein »vielleicht sehen wir uns morgen!« bedeutet, zumal die orientalische Höflichkeit sich sehr schwer damit tut, jemandem eine Bitte ganz direkt zu zu abzuschlagen.

Eher traurige Berühmtheit hat der Ruf *allahu akbar* erlangt, denn er ist mehr als Schlachtruf bekannt, denn als Ausdruck eines Gottesverständnisses, das Muslime und Christen teilen. Die richtige Übersetzung fällt nicht leicht, denn weder »Gott ist groß«, noch »Gott ist am größten« treffen das, was gemeint ist: »Gott ist größer«, und zwar größer als alles, er ist unvergleichlich.

Überhaupt fällt auf, dass viele dieser Formeln ihre Entsprechungen in der Muttersprache der Kirche haben, und wenn man sich ihre lateinischen Entsprechungen ansieht, verlieren sie viel von ihrer Fremdheit: *al-hamdulillah – Deo gratias; inšallah – Deo volente; allahu akbar – Deus semper maior*.

Es ist kein Wunder, dass auch der Sprachgebrauch arabischer Christen ganz selbstverständlich mit diesen Begriffen umgeht. Das Berliner Museum für islamische Kunst besitzt mit dem »Aleppozimmer« die hölzerne Wandvertäfelung eines Hauses, die zu Anfang des 17. Jahrhunderts ein christlicher Kaufmann, Isa Ibn Budrus, im christlichen Viertel von Aleppo mit Psalmen, Gedichten und Sprichwörtern verzieren ließ. Unter den Inschriften findet sich auch ein Anklang an die *basmala*, allerdings mit »unverfänglichem« Akzent: *bismillahi-l-khaliqi-l-hayyi-n-natiqi*, »im Namen Gottes, des Schöpfers, des Lebendigen, des Sprechenden«.

48 Frage

Was bedeutet
Islam?

Da *Islam* meist als Eigenname einer Religion gebraucht wird, vergisst man leicht, dass sich damit auch eine Bedeutung verbindet. Islam heißt Hingabe an und Unterwerfung unter Gott. Wer sich Gottes Willen gläubig hingibt, der ist ein *muslim*, bzw. eine *muslima*. Wie auch der Begriff *salam*, Frieden, leiten sich diese Worte von *salama*, sicher sein, heil sein, ab.

Wenn im Koran vom Islam die Rede ist, geht diese inhaltliche Bestimmung mit der Übersetzung verloren. *Ich bin damit zufrieden, dass ihr den Islam als Religion habt* (5:3) klingt viel weniger befremdlich für nichtmuslimische Ohren, wenn man sich klar macht, was *Islam* eigentlich heißt.

Was hat der Mensch im
Jenseits
zu erwarten?

Das hängt davon ab, was er im Diesseits gesagt und getan hat –
und davon, was er geglaubt hat. Wer zu Lebzeiten Muslim war, ist
schon einmal auf der sicheren Seite, und wer sich dessen schuldig
macht, was der Koran als Unglauben bezeichnet, der kann alle
Hoffnung fahren lassen.

Zwar betont der Koran an vielen Stellen, dass Glaube *und* gute
Werke wichtig sind, um gottgefällig zu leben, aber in der Frage
nach dem Jenseits hat sich eine Entwicklung ergeben, die bereits
aus dem bloßen Glauben eine Heilsgewissheit erlangt. In einem
→ Hadith heißt es: *Der Prophet sagte: »Von meinem Herrn kam die
erfreuliche Nachricht, dass alle Mitglieder meiner Gemeinde, die
Gott allein dienen und ihm keine Teilhaber an seiner Göttlichkeit zu-
schreiben, nach ihrem Tod ins Paradies eingehen werden!« Ich
fragte ihn: »Gilt das auch für die, die Ehebruch begangen oder ge-
stohlen haben?« – »Ja.«* Zwar ist die → Hölle ein ewiger Ort, aber
wer im Diesseits zwar gläubig war, aber gesündigt hat, muss dort
nicht ewig bleiben. Ein zeitlich begrenzter Höllenaufenthalt ist dann
für die irdischen Vergehen Strafe genug und dient als eine Art Fe-
gefeuer.

Dass Unglaube ewige Höllenstrafen nach sich zieht, daran lässt
der Koran keinen Zweifel. *Gott hat die Ungläubigen verflucht, und
er hat einen Höllenbrand für sie bereitet, damit sie ewig darin weilen, ohne einen Freund und Helfer zu finden.* (33:64-65) Die See-
len werden sogar Malik, den → Engel, der über die Hölle wacht,
anflehen: *Dein Herr soll uns den Garaus machen!* Er aber wird ihnen dies verweigern und ihnen antworten, dass sie bleiben werden, wo sie sind (43:77). Dafür sind sie selbst verantwortlich, denn
Gott hat nicht gegen sie gefrevelt, sondern gegen sich selbst frevel-

ten sie (3:117). Es ist aus muslimischer Sicht nicht möglich, für einen verstorbenen Nichtmuslim zu beten. Muhammad selber war in der schwierigen Situation, dass sein Onkel → Abu Talib im Sterben lag, die Religion seiner Väter aber nicht verlassen wollte. Muhammad bat ihn, den Islam anzunehmen, aber Abu Talib starb, ohne die → *šahada*, das islamische Glaubensbekenntnis, gesprochen zu haben. Zuerst betete der Prophet für seinen Verwandten, aber bald wurde ihm das durch die Herabsendung eines Koranverses untersagt: *Der Prophet und diejenigen, die glauben, dürfen nicht für die Heiden um Vergebung bitten – auch wenn es Verwandte sein sollten, – nachdem ihnen klar geworden ist, dass sie Insassen des Höllenbrandes sein werden.* (9:113)

Über das Schicksal derer, die zwar an Gott glauben, aber keine Muslime sind, besonders der → *ahlu-l-kitab*, gehen die Meinungen auseinander. Den Juden macht der Koran keine große Hoffnung auf das Paradies, vielmehr enthält er eine explizite Verfluchung: *Diejenigen von den Kindern Israels, die ungläubig waren, wurden durch den Mund Davids und Jesu, des Sohns der Maria, verflucht ... Du siehst, dass viele von ihnen sich denen anschließen, die ungläubig sind ... Und sie werden in der Strafe weilen.* (5:78) Die Verhältnisbestimmung zwischen Islam und Judentum ist entsprechend schwierig und mit großer Vorsicht und Sorgfalt vorzunehmen.

Weniger drastisch ist die Einschätzung der Jenseitschancen für die Christen. Je näher diese theologisch an islamische Positionen heranrücken, desto besser steht es um sie.

Dass die Aussichten nicht von vornherein düster sind, zeigt eine weitere Aussage des Korans: *Diejenigen, die glauben* (d. h. die Muslime), *und diejenigen, die dem Judentum angehören, und die Sabier und die Christen, – die, die an Gott und den jüngsten Tag glauben und tun, was recht ist, brauchen keine Angst zu haben, und sie werden nicht traurig sein.* (5:69)

Glauben Muslime an
Jesus
und an die Jungfrau Maria?

Manche Leute sind überrascht, wenn sie zum ersten Mal davon hören, aber in der Tat ist der Islam die einzige Religion neben dem Christentum, die die Prophetenschaft Jesu anerkennt und seine jungfräuliche Geburt bejaht. Der arabische Name Jesu ist Isa Ibn Maryam (»Jesus, Sohn der Maria«), was bereits zum Ausdruck bringt, dass kein Mann an der Empfängnis beteiligt war, denn sonst würde das Kind den Namen des Vaters tragen, und z.B. Isa Ibn Yusuf heißen.

Damit sind die Gemeinsamkeiten aber auch schon an ihr Ende gelangt, denn der Islam erhebt gewichtige Vorwürfe gegen das Jesusverständnis der Christen. Die Unterschiede beginnen schon bei der Empfägnis Jesu. Im Islam geht man davon aus, dass Jesus wie Adam durch Gottes Wort *sei!* ins Leben gerufen wurde, also auf die gleiche Weise erschaffen wurde wie der erste Mensch. Der freie Wille Marias, dem zuzustimmen, was Gott mit ihr vorhatte, ist ein christliches Spezifikum. Dass Jesus ohne Zutun eines Mannes entstand, wird im Islam allein als Bestätigungswunder für Jesu Prophetenschaft gesehen. Auf die christliche Vorstellung, Jesus sei der Sohn Gottes, reagiert der Islam ablehnend. Da die Vorstellung der → Erbsünde im Islam keine Rolle spielt, braucht es dementsprechend keine → Erlösung zu geben, also lehnt der Islam sowohl den Kreuzestod als auch die Auferstehung Jesu ab. Vielmehr gilt Jesus als in den Himmel aufgenommen. Eine populäre Vorstellung besagt, er werde bei seiner Wiederkunft auf das östliche Minarett der Ommayadenmoschee hinabsteigen, das Kreuz zerbrechen und die Schweine vernichten.

Jesus gilt im Islam als ein bedeutender Prophet, dem das *ingil* als Offenbarungsschrift zugekommen ist. Der Koran legt ihm an vielen Stellen besondere Ehrentitel bei, wie *masih*, Messias, *Wort Gottes* oder *Geist Gottes*, die aber alle ohne Bezug zur christlichen Bedeutung gesehen werden.

Das Bild, das von Jesus und seiner Mutter gezeichnet wird, erinnert oft an christliche apokryphe Evangelien. Besonders deutlich ist eine Parallele zum Thomasevangelium. Jesus sagt im Koran von sich: *Ich bin mit einem Zeichen von eurem Herrn zu euch gekommen, dass ich euch aus Lehm etwas schaffe, was so aussieht, wie Vögel. Dann werde ich hineinblasen, und es werden mit Gottes Erlaubnis Vögel sein.* (3:49) Zu den → Wundern, die Jesus »mit Gottes Erlaubnis« vollbringt, gehören Heilungen oder auch, dass er schon als Kind in der Wiege spricht.

Wie herausgehoben die Stellung Marias ist, wird nicht zuletzt daran deutlich, dass sie neben Ayša, Fatima und Khadiğa zu den meistgeehrten Frauen im Islam gehört. Ihre Mutter, *die Frau Imrans* (3:35), die die islamische Tradition Hanna (Anna) nennt, hat das Kind zu einem gottgeweihten Leben bestimmt: *Herr! Ich habe dir gelobt, was in meinem Leib ist. Es soll dir geweiht sein. Nimm es von mir an!* (3:35) Zwei Suren des Korans beziehen sich in ihren Titeln auf Maria. Sure 19 heißt *Maryam*, und die dritte Sure trägt den Titel *Die Sippe Imrans*. Für einige Verwirrung sorgt die Abstammung Marias, wie sie der Koran schildert im Vergleich zur Bibel.

Wie sieht der Islam das **Judentum**?

Das ist keine einfache Frage, und wo sie zu menschlich unbefriedigenden Ergebnissen führt, darf man um so dankbarer sein für das zunehmende Engagement von Muslimen und Juden im interreligiösen → Dialog, die daran arbeiten, alte Vorurteile zu überwinden und zum Frieden beizutragen.

Gerade das Verhältnis von Judentum und Islam ist in seiner historischen Dimension von Anfang an so belastet, dass es wirklich eine Menge guten Willen und Gottvertrauen braucht, um die komplizierten Fäden zu entwirren.

Zwar gehören die Juden zu den *ahlu-l-kitab*, d. h. sie waren einst Empfänger einer göttlichen Offenbarung, jedoch hat sich das gespannte Verhältnis der Muslime zu Lebzeiten Muhammads in verschiedenen sehr kritischen koranischen Aussagen niedergeschlagen, wobei eine zunehmende Verschlechterung zu beobachten ist. Im Zusammenhang der kriegerischen Auseinandersetzungen der Muslime in Medina mit den Mekkanern kam es u. a. zur Vertreibung jüdischer Stämme. Zu Beginn seiner Verkündigung hatte Muhammad noch gehofft, sie würden sich seiner Botschaft anschließen, aber als sich herausstellte, dass sie daran nicht interessiert waren und seinen Anspruch ernsthaft in Frage stellten, wandelte sich das Verhältnis ins Gegenteil. Erst gegen Ende seines Lebens normalisierte es sich einigermaßen. Der Koran erhebt schließlich eine ganze Reihe schwerwiegender Vorwürfe gegen die Juden zur Zeit Muhammads, die von Verheimlichung und Verfälschung der Schrift über Zinsnehmen und Fehler im sozialen Verhalten bis hin zu der Vorstellung reichen, sie würde Uzayr, gemeint ist wahrscheinlich der Prophet Esra, als Gottes Sohn verehren. Einen bitteren Höhepunkt bildet der Vorwurf, die Juden glaubten, sie hätten den Propheten → Jesus ans Kreuz geschlagen.

Ist ein weiterer
Kalender?
nicht unpraktisch?

Es mag sein, dass es manchmal etwas umständlich ist, in zwei Kalendern zu denken, aber es hat auch einen großen Vorteil. Ein eigener islamischer Kalender, der sich nach dem Mond richtet, kann sinnbildlich dafür verstanden werden, dass die Zeit ganz in Gottes Hand ist.

Der islamische Kalender ist, wie gesagt, ein Mondkalender. Das bedeutet, dass ein Jahr, das aus zwölf Mondmonaten à wechselweise 29 und 30 Tagen besteht, um elf Tage kürzer ist, als das Sonnenjahr. Die Monate heißen: Muharram, Safar, Rabi 1., Rabi 2., Ǧumada 1., Ǧumada 2., Raǧab, Scha`ban Ramadan, Šawwal, Dhu-l-Qa´da und Dhu-l-Hiǧǧa.

In vorislamischer Zeit war es ein Privileg der Herrschenden, diese Differenz auszugleichen. → Muhammad schaffte dieses System der Interkalation allerdings ab. Trotzdem sind innerhalb von 30 Jahren elf Schalttage notwendig.

Seitdem »wandern« die islamischen Monate durch die Jahreszeiten. Dies tritt um so stärker in den Blick der Gläubigen, je weiter sie vom Äquator entfernt leben, denn ein Wintertag in Europa ist erheblich kürzer als ein Sommertag. Das → Fasten im → Ramadan ist somit ganz unterschiedlichen Bedingungen unterworfen, je nachdem, ob der Ramadan in die heiße Jahreszeit fällt oder im Winter liegt.

Der islamische Kalender zählt die Jahre nicht etwa nach der Geburt Muhammads oder nach dem Beginn der Herabsendung des Korans, sondern nach der *hiǧra*, das heißt der Auswanderung Muhammads mit der islamischen Gemeinde von → Mekka nach Yathrib, dem späteren → Medina – die Geburtsstunde der islamischen Gemeinde, könnte man sagen. Als entsprechendes christliches Datum kann der 15. oder 16. Juli 622 gelten. Die Umrechnung von einem Kalendersystem ins andere unterliegt zwar einigen Besonderheiten, wie Kalenderreformen, aber man kann eine Formel zur ungefähren Annäherung benutzen:

(Christliches Datum – 622) multipliziert mit 33/32 = ca. *hiğra*-Datum. In der anderen Richtung: *hiğra*-Datum multipliziert mit 32/33 + 622 = ca. Christliches Datum.

Wie im Judentum und in der Festordnung der Katholischen Kirche beginnt im Islam der Kalendertag mit dem Vorabend und endet entsprechend bei Sonnenuntergang. Ein »liturgisches Jahr« gibt es im Islam nicht.

Erwähnenswert ist noch, dass sich das persische Sonnenjahr, dessen Neujahrstag, Nowruz, am 21. März liegt, neben dem Mondkalender erhalten hat.

53 Frage

»Was steht denn da?« –
oder: Islamische
Kalligrafie

Das → Bilderverbot des Islams hat zwar den Nachteil, dass das Gegenständliche in der Kunst einen geringen Stellenwert einnimmt, aber es hat dem Abstrakten zu hohem Ansehen verholfen.

Besonders hat davon die Kalligrafie profitiert. Den Koran schön zu schreiben, war ein Anliegen, das sich schon sehr früh Raum verschaffte. Die Schönschreibkunst erscheint wie ein Reflex auf die ästhetische Dimension der koranischen Sprache und auf die undarstellbare Dimension der koranischen Botschaft. Die Kalligrafie wurde zu einem authentischen Ausdrucksmittel der islamischen Kultur. Herrscher wir → Sufis nahmen (und nehmen) die langwierige Ausbildung bei einem Meister auf sich. Die Kalligrafen führen ihre Kunst auf → Ali zurück, der der erste Kalligraf gewesen sein soll.

Dazu gehört die Kenntnis der unterschiedlichen Schriftstile ebenso wie das Wissen um die notwendigen Gerätschaften. Der Zuschnitt der Schreibrohre und besonders die Zusammenstellung der Tinten sind eine Wissenschaft für sich. Die Tinte der islamischen Kalligrafen ist im Gegensatz zur Tusche ihrer westlichen Kollegen wasserlöslich. Ihre Ingredienzen zur richtigen Mischung zu bringen, machte es manchmal nötig, das Fässlein einem Kamel um den Hals zu binden – bei der Rückkehr der Karawane konnte man sicher sein, dass alles gut gemischt war. Die Wasserlöslichkeit hat, wie fast alles, was mit der Schreibkunst zu tun hat, poetische Aussagen inspiriert. Eine davon ist, dass die Tränen der Reue, die ein Gläubiger vergießt, die schwarzen Buchstaben im Buch der guten und schlechten Taten eines Menschen auswaschen.

Kalligrafie spielt nicht nur auf dem Papier eine Rolle, sondern sie schmückt Moscheen, Paläste und Privathäuser. Eine spezifisch islamische Form des Wandschmucks ist die *hilya*, eine Beschreibung des Propheten Muhammad. Die *kiswa*, eine schwarze Stoffdecke, die jährlich neu zum Schmuck der Ka`ba dient, ist reich mit goldener Schrift bestickt und auch auf den Gräbern von Heiligen kann man Decken finden, die kalligrafisch gestaltet sind. Wer solche Stickerein verrichtet, tut das wie auch der Kalligraf, der den Koran schreibt, im Zustand ritueller → Reinheit.

Grabsteine sollen übrigens möglichst keine Koranverse enthalten, denn man fürchtet, dass Tiere sich daran erleichtern könnten. Statt also die erste Sure des Korans in den Grabstein zu meißeln, versieht man den Stein mit der Bitte an den Vorübergehenden, eine → Fatiha, die Eröffnungssure des Korans, für die Seele des Toten zu sprechen, *ruhuna fatiha*.

Neben der traditionellen Kalligrafie, die weiter gepflegt wird, haben sich Künstler der Gegenwart eine große kreative Freiheit erobert, die mit oder ohne religiösen Bezug beeindruckende und zuweilen sehr persönliche Werke hervorgebracht hat.

Ein Paradies für
Katzen?

Katzen haben es, obwohl sie genau genommen Raubtiere sind, im Islam besser als → Hunde, denn sie gelten nicht als rituell unreine Tiere. Sie sind nicht allein wegen ihrer Nützlichkeit in der Mäuseabwehr beliebt; auch die Nachwirkungen des altägyptischen Katzenkultes mit der katzengestaltigen Göttin Bastet können die islamische Sympathie für die spitzohrigen Samtpfoten nicht restlos erklären. Vielmehr wirkt sich hier eine Vorliebe des Propheten → Muhammad selbst aus. Von der Art, wie er mit Katzen umging, vermittelt eine Erzählung einen besonders liebenswürdigen Eindruck:

Auf dem Ärmel des Gewandes des Propheten hatte eine Katze es sich bequem gemacht. Als die Zeit für das Gebet kam, bemerkte Muhammad, dass sie eingeschlafen war. Weder wollte er nun den Schlaf des Tieres stören, noch dem Gebetsruf nicht nachkommen, und so schnitt er sich kurzerhand den Ärmel vom Kleid.

Was ist ein
Khalif?

Wörtlich bedeutet Khalif Nachfolger oder Statthalter. → Adam ist z.B. als *khalifa*, als Statthalter Gottes, auf Erden eingesetzt.

Im engeren Sinn bezeichnet der Begriff aber die politische Leitung der → *umma*, der Gemeinschaft der Muslime. Muhammad hatte weder einen Nachfolger bestimmt, noch hatte er männliche

Nachkommen, die das Erwachsenenalter erreicht hätten. Nach seinem Tode stand also die Frage, wer die Gemeinde leiten sollte, dringend an. Die Querelen darüber führten zur Spaltung in Sunniten und Ši`iten. Einhellig ist man aber der Auffassung, dass es in der Gemeindeleitung in erster Linie um deren weltliche Führung geht, denn die Prophetie Muhammads ist mit seinem Tode an ein Ende gekommen.

Die ersten vier Khalifen werden als »Rechtgeleitete Khalifen« bezeichnet. Abu Bakr regierte von 632 bis 634, Umar Ibn al-Khattab bis 644, Uthman bis 656 und Ali bis 661. Ihnen folgten die Dynastien der Umayyaden bis 749 und der Abbasiden. Das Abbasidenkhalifat blieb allerdings nicht das einzige in der islamischen Welt, und nachdem die Mongolen 1258 Baghdad verwüstet hatten, dauerte es nicht mehr lange, bis die Osmanen den Khalifentitel annahmen. 1924 erklärte Mustafa Kemal Atatürk das Khalifat für abgeschafft, und alle Wiederbelebungsversuche sind bislang ohne ernsthafte Auswirkungen geblieben.

Die Rolle, die das Khalifat in der islamischen Geschichte spielte, war nicht immer gleich, und auch die Frage, wer Khalif sein sollte und konnte, wurde unterschiedlich beantwortet. Unter den rechtgeleiteten Khalifen hatte noch ihre Frömmigkeit und Eignung eine Rolle gespielt; unter den Umayyaden wurde das dynastische Prinzip eingeführt, und unter den Abbasiden wurde die religiöse Legitimation zunehmend wichtiger. In der Osmanzeit erlebte die Institution einen Aufschwung als Identifikationspunkt aller Muslime im Angesicht westlicher Kolonialinteressen.

Wer ist der Khalif von
Köln?

Die rheinische Maxime, die besagt, dass jeder *Jeck* (liebevoll für »Verrückter«) anders ist, ist die etwas direkte Art des Rheinländers, seine Toleranz auf den Punkt zu bringen. Zwar wird Köln zu Recht *Mekka des Westens* genannt, weil die großen islamischen Verbände hier ihren Hauptsitz haben, aber dass sie einmal einen Khalifen bekommen würden, hätten sich die wenigsten Kölner träumen lassen.

Radikale Gegner des laizistischen Staatssystems in der Türkei hatten sich Anfang der 90er von der *Islamischen Gemeinschaft Milli Görüs* abgespalten und einen eigenen Verein gegründet, der 1991 den Glaubenskrieg ausrief, 1992 eine Exilregierung für die Türkei aufstellte und gemessen an der Mitgliederzahl in Nordrhein Westfalen von vielleicht 1500 Türken reichlich von sich hören machte. 1994 setzte der Anführer dieser Vereinigung, Cemalettin Kaplan dem Ganzen die Krone auf, indem er sich selbst zum Khalifen ernannte. Im Jahr darauf starb er, nicht ohne seinen Sohn Metin zum Nachfolger bestimmt zu haben. Und wie im richtigen Leben kamen Machtkämpfe auf; Ibrahim Sofu, der in Berlin zum Gegenkhalifen avancierte, wurde 1997 ermordet. Laut Verfassungsschutzbericht des Landes Nordrhein Westfalen hat der Verband nur noch etwa 600 Mitglieder. Da muss noch einiges Wasser den Rhein hinunterfließen.

Weshalb tragen Musliminnen ein **Kopftuch**?

Das ist sicher eine der Fragen, die muslimischen Frauen in nicht-muslimischen Ländern am häufigsten gestellt werden. Spätestens seit dem Kopftuchstreit in der Türkei hat die Frage auch politische Brisanz gewonnen, was es nicht angenehmer macht, ein Kopftuch zu tragen oder auch nicht zu tragen, denn für beides muss man sich mittlerweile rechtfertigen.

Diejenigen, die es ganz selbstverständlich aus religiösen Gründen tun, bleiben dabei meist auf der Strecke. Nun kann man darüber räsonnieren, dass die Bedeckung des Haares keine islamische Erfindung ist, man kann Paulus zitieren, der einer Frau ohne Kopftuch rät, *sich doch gleich die Haare abschneiden* zu lassen (1 Kor 11,6) oder man kann versuchen, das Tragen des Schleiers rational zu begründen. Letztlich greift all dies nicht, denn diejenigen → Frauen, die ein Kopftuch tragen, sehen darin ein göttliches Gebot, dem sie folgen möchten. Über den Grad der Verbindlichkeit besteht kein Konsens, und zwischen denen, die stets Kopftuch tragen und denen, die nie eines tragen, liegt ein weites Feld. Einige Frauen tragen nur beim Gebet oder in der → Moschee eine Bedeckung, andere würden gerne auch in der Öffentlichkeit eines tragen, fürchten aber Schwierigkeiten mit dem Arbeitgeber oder Diskriminierungen.

Darüber, wie die Verhüllung des Haare im Einzelnen auszusehen hat, gibt es ebenfalls keinen Konsens. Die entsprechenden Koranverse geben darüber keine Auskunft: *Sag den gläubigen Männern, sie sollen (statt jemanden anzustarren, lieber) ihre Augen niederschlagen, und sie sollen darauf achten, dass ihre Scham bedeckt ist (w. ihre Scham bewahren). So halten sie sich am ehesten sittlich (und rein) (w. das ist lauterer für sie). Gott ist wohl darüber unterrichtet, was sie tun. Und sag den gläubigen Frauen, sie sollen (statt jemanden anzustarren, lieber) ihre Augen niederschlagen, und sie sollen darauf achten, dass ihre Scham bedeckt ist (w. ihre Scham bewahren), den Schmuck, den sie (am Körper) tragen, nicht offen zeigen, soweit er nicht (normalerweise) sichtbar ist, ihren Schal sich über den (vom Halsausschnitt nach vorne heruntergehenden) Schlitz (des Kleides) ziehen und den Schmuck, den sie (am Körper) tragen niemand (w. nicht offen) zeigen, außer ihrem Mann, ihrem Vater, ihrem Schwiegervater, ihren Söhnen, ihren Stiefsöhnen, ihren Brüdern, den Söhnen ihrer Brüder und ihrer Schwestern, ihren Frauen (d.h. den Frauen, mit denen sie Umgang pflegen?), ihren Sklavinnen (w. dem, was sie (an Sklavinnen) besitzen), den männlichen Bediensteten (w. den Gefolgsleuten), die keinen (Geschlechts)trieb (mehr) haben, und den Kindern, die noch nichts von weiblichen Geschlechtsteilen wissen. Und sie sollen nicht mit ihren Beinen (aneinander)schlagen und damit auf den Schmuck aufmerksam machen, den sie (durch Kleidung) verborgen (an ihnen) tragen (w. damit man merkt, was sie von ihrem Schmuck geheimhalten). Und wendet euch allesamt (reumütig) wieder zu Gott, ihr Gläubigen! Vielleicht wird es euch (dann) wohlergehen. (24:30-31)*

Prophet! Sag deinen Gattinnen und Töchtern und den Frauen der Gläubigen, sie sollen (wenn sie austreten) sich etwas von ihrem Gewand (über den Kopf) herunterziehen. So ist es am ehesten gewährleistet, dass sie (als ehrbare Frauen) erkannt und nicht belästigt werden. Gott aber ist barmherzig und bereit zu vergeben. (33:59)

Daraus lässt sich keine detaillierte Vorschrift ableiten, und der Blick auf Musliminnen hierzulande, erst recht aber in den mehrheitlich islamischen Ländern zeigt, dass es eine große Variationsbreite gibt, die nicht zuletzt modischen Schwankungen unterliegt. Einige achten peinlich genau darauf, kein einziges Haar in die Stirn rutschen zu lassen, andere tragen nur einen leichten Gazeschleier. Die Art und Weise, Kopftücher zu knoten und zu binden scheint unendliche Möglichkeiten zu beinhalten.

Ist der
Koran
die islamische Bibel?

Wer diesen Vergleich zieht, liegt überraschenderweise völlig daneben. Der Koran ist die Manifestation göttlichen Willens, in ihm wird Gott und sein Wille den Menschen erfahrbar. Wenn man einen Vergleich ziehen wollte, müsste man den Koran konsequenterweise mit → Jesus und → Muhammad mit → Maria vergleichen.

Der Koran (der Begriff bedeutet Vortrag, Rezitation) ist aus muslimischer Sicht Gottes Wort. Abschnittweise dem Propheten Muhammad durch den Engel Gabriel überbracht, wurde er nach dem Tode des Propheten zusammengetragen und unter dem Khalifen Uthman verbindlich redigiert.

Die heute vorliegende Ausgabe umfasst 114 Kapitel, die Suren genannt werden. Die Eröffnungssure des Korans, die → Fatiha, nimmt dabei eine Sonderstellung ein. Wegen ihrer Bedeutung auch im täglichen Gebet bezeichnet man sie oft als Vaterunser des Islams. Nach ihr folgen die Suren ungefähr in absteigender Länge geordnet – die zweite Sure ist die längste, und am Ende stehen die ganz kurzen Suren, die oft nur wenige Verse, → aya, umfassen. Dies bedeutet, dass der Koran nicht chronologisch geordnet ist. Über die Datierung machen sich islamische Gelehrte und westliche Orientalisten zum Teil abweichende Vorstellungen. Für eine erste Lektüre kann es eine grobe Hilfestellung sein, mit den kurzen Suren am Ende des Buches zu beginnen, denn sie sind mit Sicherheit älter als die langen Ausführungen etwa der zweiten Sure.

Der Koran in seiner arabischen Fassung ist heilig, und man begegnet seinen Worten wie auch dem konkreten Buch mit Ehrerbietung. Der Umgang mit dem Koran erfordert es, im Zustand ritueller → Reinheit zu sein. Nichtmuslime sollten daher nicht unaufgefordert den Koran berühren.

Die Herabsendung der einzelnen Offenbarungen hatte meist einen konkreten Hintergrund. Zum Verständnis des Textes ist es wichtig, diese Offenbarungsanlässe zu berücksichtigen und keine Verse aus dem Zusammenhang zu reißen.

Übersetzungen können immer nur als Hilfsmittel der Annäherung betrachtet werden. Verbindlich ist der arabische Text. Er allein bietet die Fülle des göttlichen Wortes, wie Übersetzungen sie nicht transportieren können.

Wer einmal einer Koranrezitation beigewohnt hat, dem wird auch ohne Arabischkenntnisse aufgefallen sein, dass der Koran von Reimen durchzogen ist. Die besondere Ästhetik, die Muslime an ihrem Heiligen Buch so schätzen, geht ebenfalls bei der Übertragung in andere Sprachen verloren. Einen ungefähren Eindruck bietet wenigstens die Teilübertragung von Friedrich Rückert. Die Rezitation des Korans ist eine hohe Kunst, die denen, die sie beherrschen, hohes Ansehen einbringt. Jeder Muslim kennt Teile des Korans auswendig, aber als besonders segensreich gilt es, wenn jemand den ganzen Koran auswendig zu lernen vermag. Ein solcher Mensch wird *hafiz*, Bewahrer, genannt.

Das Mittelalter hat einen Streit darüber erlebt, ob der Koran erschaffen oder unerschaffen sei. Mit politischer Unterstützung setzte sich die Meinung durch, er sei unerschaffen. Im Himmel existiert eine Urschrift, die als »Mutter der Schrift« bezeichnet wird *auf einer wohlverwahrten Tafel* (85:22).

Ein Spezifikum des Korans ist, dass er an vielen Stellen über sich selbst spricht. So heißt es etwa: *Bei der deutlichen Schrift! Wir haben sie zu einem arabischen Koran gemacht. Vielleicht würdet ihr verständig sein. Er gilt in der Urschrift bei uns als erhaben und weise.* (43:2-4)

So bestätigt der Koran auch seine eigene Widerspruchslosigkeit, die die → Polytheisten anzweifelten: *Machen sie sich denn keine Gedanken über den Koran? Wenn er von jemand anderem als Gott wäre, würden sie in ihm viel Widerspruch finden.* (4:82)

Wie sieht es mit
Krieg und Frieden
aus? –
oder: Was bedeutet *ǧihad*?

Das Verhältnis des Islams zur Gewalt ist auf dem Hintergrund seiner Entstehung zu betrachten: Muhammad geriet in die Situation, nicht nur als spiritueller sondern auch als politischer Führer für eine Gemeinde verantwortlich zu sein, die nicht gerade in friedlichen Umständen lebte, sondern Gefahr lief, unterzugehen, wenn sie nicht reagierte. Der Prophet musste auch Feldherr werden.

Der Kampf gegen die → polytheistischen Mekkaner hat sich im Koran an vielen Stellen niedergeschlagen, und dass die islamische Gemeinde sich gegen Aggression von außen nicht nur zur Wehr setzen darf, sondern dazu verpflichtet ist, ist bis heute unbestritten. Ein Verteidigungskrieg ist legitim: *Und kämpft um Gottes willen gegen diejenigen, die gegen euch kämpfen! Aber begeht keine Übertretungen! Gott liebt die nicht, die Übertretungen begehen. Und tötet sie, wo ihr sie zu fassen bekommt, und vertreibt sie, wo sie euch vertrieben haben!* (2:191)

Die klassisch-islamische Einteilung der Welt in *daru-l-islam*, Haus des Islams, *daru-s-sulh*, Haus des Vertrags, und *daru-l-harb*, Haus des Krieges, ließ sich im Laufe der Geschichte immer weniger aufrechterhalten, so dass der Anspruch, das Herrschaftsgebiet des Islams auf prinzipiell alle Menschen zu erstrecken, praktisch zurücktrat. Der *ǧihad*, der ursprünglich durchaus auch militärisch verstanden werden konnte, machte einem verinnerlichten Streben Platz. Als »Heiligen Krieg« übersetzt man ihn völlig unangemessen, vielmehr geht es um ein lebensumfassendes Gesamtkonzept der Anstrengung auf dem Weg Gottes. Die Anstrengungen, die der Gläubige unternimmt, um Gottes Gebote zu erfüllen, sind schon *ǧihad*, und manche bezeichnen sie als »großen *ǧihad*«, dem eine tatsächliche militärische Auseinandersetzung als »kleiner *ǧihad*« gegenübersteht. So wird das → Gebet als Kampf gegen die *nafs*, die niedere Triebseele gedeutet.

Dass dem gesunden Menschenverstand auch im Islam der Frieden als ein hohes Gut gilt, hat allerdings nichts daran ändern können, dass die Ausrufung des bewaffneten *ǧihad* bis in die Gegenwart immer wieder dazu missbraucht wird, politisch fragwürdigen Zielen einen religiösen Deckmantel umzuhängen. Da kann man über die moderateren Aussagen des Korans schnell hinwegsehen, wie etwa: *Gott verbietet euch nicht, gegen diejenigen pietätvoll und gerecht zu sein, die nicht der Religion wegen gegen euch gekämpft, und die euch nicht aus euren Wohnungen vertrieben haben. Gott liebt die, die gerecht handeln.* (60:8)

Die Debatte um den *ǧihad* wird auch zu Zwecken der innerislamischen Polemik missbraucht. Den → Ahmadis warf man vor, dass sie den bewaffneten Kampf zur Verteidigung des Glaubens prinzipiell ablehnen. Man drehte ihnen aus dieser pazifistischen Position den Strick, sie würden mit den britischen Kolonialherren kollaborieren.

Was sagt der Koran zum
Leiden
der Menschen?

Auf die Frage nach dem Leiden in der Welt hat der Koran eine Antwort, die er in Form einer Geschichte um → Mose erzählt:

Da fanden sie einen von unseren Dienern, dem wir Barmherzigkeit von uns hatten zukommen lassen, und den wir Wissen von uns gelehrt hatten. Mose sagte zu ihm: »Darf ich dir folgen, damit du mich von dem rechten Weg lehrst, den du gelehrt worden bist?« Er sagte: »Du wirst nicht fähig sein, mit mir durchzuhalten. Wie willst

du denn etwas durchhalten, über das du nicht Bescheid weißt?«
Mose sagte: »Du wirst, so Gott will, finden, dass ich ausdauernd
bin, und ich werde mich dir in nichts, was du mir befiehlst, wider-
setzen.« Er sagte: »Aber wenn du mir nun folgst, dann frag mich
nach nichts, solange ich dir nicht von mir aus etwas darüber sage!«

Da machten sich die beiden auf den Weg. Als sie schließlich
das Schiff bestiegen, machte er darin ein Loch. Mose sagte: »Wie
konntest du darin ein Loch machen, um seine Besatzung ertrinken
zu lassen? Da hast du etwas Schreckliches begangen.« Er sagte:
»Habe ich nicht gesagt, dass du nicht fähig sein wirst, mit mir
durchzuhalten?« Mose sagte: »Belang mich nicht wegen dessen,
was ich vergessen habe und mach es mir in meiner Angelegenheit
nicht schwer!«

Da machten sich die beiden wieder auf den Weg. Als sie
schließlich zu einem Burschen kamen, brachte er diesen um. Mose
sagte: »Wie konntest du einen unschuldigen Menschen umbringen,
ohne (damit) für einen (anderen Blutrache zu nehmen)? Da hast du
etwas Grässliches begangen.« Er sagte: »Habe ich dir nicht gesagt, dass du nicht fähig sein wirst, mit mir durchzuhalten?« Mose
sagte: »Wenn ich dich nach alldem nach etwas frage, dann nimm
mich nicht weiter zum Gefährten! Von mir aus bist du entschuldigt.«

Da machten sich die beiden wieder auf den Weg. Als sie
schließlich zu den Bewohnern einer Stadt kamen, baten sie diese
um etwas zu essen. Sie weigerten sich aber, sie zu bewirten. Und
nun fanden die beiden in ihr eine Mauer, die einzufallen drohte. Da
setzte er sie wieder instand. Mose sagte: »Wenn du gewollt hättest,
hättest du Lohn dafür nehmen können.« Er sagte: »Jetzt müssen wir
beide uns trennen. Ich werde dir aber die Deutung dessen mitteilen,
was du nicht durchzuhalten vermocht hast. Was das Schiff angeht,
so gehörte es armen Leuten, die damit auf dem Meer ihrem Erwerb
nachgingen. Ich wollte es nun schadhaft machen. Ein König war
nämlich hinter ihnen her, der jedes Schiff mit Gewalt an sich nahm.
Und was den Burschen angeht, so waren seine Eltern gläubig. Und

wir fürchteten, dass sie unter seiner Widersetzlichkeit und seinem Unglauben zu leiden haben würden. Da wollten wir, dass ihr Herr ihnen einen (Sohn) zum Tausch gebe, der frömmer und anhänglicher wäre. Und was die Mauer angeht, so gehörte sie zwei Waisenjungen in der Stadt. Und darunter befand sich ein Schatz, der ihnen gehörte. Und ihr Vater war rechtschaffen. Da wollte dein Herr, dass sie volljährig werden und ihren Schatz herausholen würden.

Das alles geschah aus Barmherzigkeit von deinem Herrn. Ich habe es nicht von mir aus getan. Das ist die Deutung, dessen, was du nicht durchzuhalten vermocht hast.« (18:65-82)

Was ist eine **Madrasa**?

Als Madrasa bezeichnet man die klassische islamische theologische Ausbildungsstätte, die im elften Jahrhundert aufkam. Bis dahin hatte es im Wesentlichen Schulen an den → Moscheen gegeben, für die der → Khalif die Verantwortung trug.

Private Spenden und Stiftungen sorgten dafür, dass die Lage sich verschob. Schulen mit angeschlossenen Wohnräumen für Schüler und Lehrpersonal ins Leben zu rufen, wurde attraktiv. Man gewann durch die finanzielle Unterstützung nicht nur Prestige, sondern man konnte auch inhaltlich die Lehre in eine gewünschte Richtung beeinflussen, indem man bei der Besetzung der Lehrstühle und der Auswahl der Stipendiaten mitredete oder etwa den Betrieb der Madrasa an eine bestimmte Rechtsschule band. Die Lehrinhalte waren im Wesentlichen religiös, besonders islamisches Recht und die Grundlagen der Religion hatten hier Platz. Fortgeschrittene Schüler hörten verschiedene Lehrer zu unterschiedlichen Themen und ließen sich dies bescheinigen.

Islamische Universitäten, wie etwa die berühmte Al-Azhar in Kairo oder die Zaytuna in Tunis hatten einen breiteren Lehrplan. Die Auseinandersetzung mit der westlichen Kolonialherrschaft hinterließ auch in der islamischen Bildungslandschaft ihre Spuren, die auf die neuen Impulse eingehen musste, indem etwa europäische Sprachen an Bedeutung gewannen. Trotzdem sind die Ausbildungsgänge auf religiösem Gebiet sowohl inhaltlich als auch formal sehr konservativ angelegt und langwierig.

Gibt es **Märtyrer**?

Die Prophetenbiografie des Ibn Ishaq berichtet u.a. über die Schlachten, die die Muslime zu schlagen hatten. Bei der Schlacht von Badr soll → Muhammad die Männer mit den Worten angefeuert haben: *Bei Dem, in dessen Hand Muhammads Seele liegt, jeder, der heute standhaft und Gottes Lohn erhoffend gegen den Feind kämpft, nur vorwärts strebt und nicht zurückweicht und dann den Tod findet, den wird Gott ins → Paradies eingehen lassen.*

Einer der Zuhörer des Propheten, der gerade eine Handvoll Datteln aß, warf sie sogleich weg und rief: *Herrlich! Herrlich! Trennt mich vom Paradies nur der Tod aus ihrer Hand?*

Beim Feldzug nach Mu`ta gegen die Byzantiner, an dem der Prophet nicht persönlich teilnahm, sollen angesichts der Überlegenheit des gegnerischen Heeres die Worte eines der Feldherren die Muslime vom Abbruch des Unternehmens abgehalten haben: *Bei Gott, ihr Männer, das, wovor ihr jetzt zurückschreckt, ist doch eben das, weshalb ihr ausgezogen seid: der Märtyrertod! Wir kämpfen doch nicht gegen den Feind mit Zahlen, Kraft und Heeresgröße, sondern allein mit dem Glauben, mit dem Gott uns ausgezeichnet hat. So macht euch auf! Eines von zwei schönen Dingen erwartet uns: der Sieg oder der Märtyrertod!*

Das Konzept des Märtyrers umfasst im Islam denjenigen, der im Kampf für den Glauben zu Tode kommt. Dass dem Märtyrer als Zeugen seines Glaubens, *šahid*, das Paradies sicher ist, hat im Laufe der Geschichte immer wieder Anlass zu Missbräuchen gegeben. Es kann nur als Perversion betrachtet werden, wenn etwa Kindersoldaten im Iran-Irak-Krieg kleine Plastikschlüsselchen umgehängt bekamen, um das Himmelstor aufzuschließen. Auch Selbstmordattentate lassen sich selbstverständlich nicht durch den Islam rechtfertigen, denn sowohl Heimtücke als auch Selbstmord und die Schädigung Unbeteiligter haben mit dem Islam nichts zu tun.

Wie ehrenvoll der Tod für den Glauben ist, zeigt sich darin, dass der Leichnam eines Märtyrers nicht gewaschen werden darf. Der Märtyrer ist gleichsam schon durch das Blut gereinigt, das er vergossen hat.

63 Frage
Was ist das Besondere an
Mekka und Medina?

Mekka und Medina auf der arabischen Halbinsel sind die *haramayn*, die beiden heiligen Städte des Islams, gefolgt von Jerusalem, *al-quds*, der Heiligen. Den »vierten Rang« machen sich das tunesische Kairuoan und Damaskus streitig.

Der Vorrang der arabischen Städte ist jedoch unangefochten, denn zum einen sind sie die Orte, an denen die wichtigsten Ereignisse der Entstehung des Islams stattfanden, und zum anderen bildet Mekka den symbolischen Mittelpunkt des Glaubens aller Muslime. Die Gebetsrichtung, *qibla*, wird durch die Hinwendung nach Mekka bestimmt, die Wallfahrt, *ḥaǧǧ*, führt nach Mekka, der Prophet stammt aus Mekka.

In Medina liegt Muhammad begraben, und die Stadt trägt seinen Namen. Vor seiner Einwanderung von Mekka nach Medina hieß der Ort Yathrib, und erst später bürgerte sich die Bezeichnung *madinatu-n-nabi*, Stadt des Propheten ein, die sich bis heute erhalten hat.

Der islamische Glaube verbindet Mekka allerdings nicht nur mit dem Leben und Wirken des Propheten Muhammad, sondern sieht die Ka`ba im Zentrum der großen Moschee von Mekka als Zeugnis einer Geschichte des Glaubens an, die bis in die Frühzeit der Menschheit zurückreicht.

Die Ka`ba, jenes würfelförmige Gebäude, in dessen östlicher Ecke ein schwarzer Stein eingefasst ist, gilt der muslimischen Überlieferung als das älteste Gotteshaus, das auf Erden bestand. Man nimmt u. a. an, dass es auf → Adam zurückgeht und durch → Abraham und dessen Sohn → Ismail erneuert wurde. *Das erste (Gottes)haus, das den Menschen aufgestellt worden ist, ist das in Bakka (d. h. Mekka), zum Segen und zur Rechtleitung der Menschen in aller Welt. Es ist der heilige Platz Abrahams.* (3:96-97)

In vorislamischer Zeit war die Ka`ba in den → polytheistischen Kult integriert, und man verehrte dort verschiedene Gottheiten. Als die Muslime 630 Mekka eroberten, machte Muhammad dem ein Ende. Es soll so gewesen sein, dass Muhammad das Innere der Ka`ba betrat und einen Koranvers sprach: *Die Wahrheit ist gekommen, und Lug und Trug sind verschwunden. Lug und Trug schwinden immer dahin.* (17:81) Diese Worte sollen die Götzenbilder zu Staub zerfallen haben lassen. Eine Variante dieser Erzählung will es, dass Muhammad zwar die Bildnisse in der Ka`ba zerstörte, eine Ikone → Marias mit dem Kinde jedoch nicht antastete.

Heute ist die Ka`ba leer, bis auf einige Lampen und eine Leiter, die auf das Dach führt. Das Betreten des Raumes ist an bestimmten Tagen zwar möglich, gehört aber nicht zum Ritus der → *ḥaǧǧ*.

64 Frage

Wie steht der Islam
zu den
Menschenrechten?

Keine ganz einfache Frage, denn da es kein oberstes Lehramt gibt, existieren hier verschiedene Meinungen nebeneinander. Die Probleme fangen da an, wo das moderne Verständnis der Menschenrechte mit dem klassisch-islamischen Konzept verglichen wird, das den Menschen nur im Bezug zu Gott versteht und beurteilt. Hier sollte man im Blick haben, dass z. B. auch die katholische Kirche eine Entwicklung durchmachen musste, bis sie die Menschenrechte als integralen Bestandteil auch christlicher Botschaft erfassen konnte, so dass heute in den USA die katholischen Bischöfe zu den vehementesten Gegnern der Todesstrafe zählen.

Die Gebiete, auf denen Schwierigkeiten bestehen, lassen sich leicht auf den Punkt bringen: Das islamische Strafrecht steht in der Befürwortung der Todesstrafe und Körperstrafen wie der Amputation von Gliedmaßen oder körperlicher Züchtigung im Widerspruch zur Idee der Unverletzlichkeit der menschlichen Würde. Probleme bestehen hinsichtlich der Gleichberechtigung von Mann und Frau, der Gleichberechtigung aller Bürger eines Staates unabhängig von ihrer Weltanschauung und vor allem in der Frage der Religionsfreiheit. Für Schwierigkeiten sorgt auch das islamische Familienrecht, da es die freie Wahl des Ehepartners nicht nachvollzieht.

Nun darf man es sich keinesfalls so vorstellen, als würden in mehrheitlich islamischen Ländern unablässig Menschenrechtsverletzungen begangen; vielerorts existieren die o. g. Differenzen in der Praxis nicht. Darüber, dass islamistische Kreise den Menschenrechten ablehnend gegenüberstehen, ist nicht zu übersehen, dass kritischere Gelehrte nach Wegen suchen, ihre Prinzipien für den Islam fruchtbar zu machen. Der tunesische Gelehrte Mohamed Charfi z. B. stellt dazu den Vers *In der Religion gibt es keinen Zwang* (2:256) in den Mittelpunkt seiner Überlegungen. Verbreitet ist ebenfalls eine Harmonisierungstendenz, die versucht, die Menschenrechte gleichsam im Islam selbst begründet zu sehen, um die Schwierigkeit zu überwinden, dass die Menschenrechtserklärung auf einem säkularen Weltbild fußt.

Weshalb soll man nicht »**Mohammedaner**« sagen?

Muslime als »Mohammedaner« zu bezeichnen, ist so irreführend, wie eine alte Duden-Definition des Wortes *Allah* als *Gott der Mohammedaner.*

Die Kritik, die Muslime an diesem Sprachgebrauch zu Recht erheben, ist, dass so der Anschein entstünde, Muslime würden in der Art an Muhammad glauben, wie Christen an Jesus glauben.

Dies verursacht Muslimen Unbehagen, denn für sie steht nicht der Prophet sondern Gott selbst im Mittelpunkt ihres Glaubens, und sie möchten nicht in den Verdacht geraten, einen Menschen gottgleich zu verehren.

In der Praxis hat sich aber der Begriff Mohammedaner im Bewusstsein besonders der älteren Generation sehr stark verwurzelt, und so kann es einem passieren, dass auch der eine oder andere ältere Türke von sich selbst als »Mohammedaner« spricht, weil er den Begriff von seiner nichtmuslimischen Umwelt übernommen hat.

Was ist eine
Moschee?

Unser Wort Moschee geht mittelbar auf den arabischen Begriff *masğid* zurück, der den »Ort der Niederwerfung« im → Gebet bezeichnet. Wenn man sich ins Gedächtnis ruft, wie wenig zur Verrichtung des rituellen Gebets nötig ist, dann verwundert es auch nicht mehr, dass man in einer Moschee mit viel weniger Einrichtungsgegenständen auskommt als in einer Synagoge oder Kirche.

Zunächst braucht man Platz – eine freie Fläche, auf der die Gläubigen in Reihen neben- und hintereinander das Gebet verrichten können. Bänke sind nicht nur überflüssig, sie wären hinderlich.

Als nächstes muss man wissen, in welche Richtung man beten soll. Um die *qibla,* die Gebetsrichtung, zu markieren, hat jede Moschee daher eine Gebetsnische, *mihrab*, die einerseits die Richtung nach → Mekka weist, andererseits auch als eine Art Schallverstärker für den Imam, den Vorbeter, wirkt. Oftmals ist diese Nische reich verziert mit Koranversen oder Arabesken. Der Platz des Imams kann leicht erhöht sein, damit die Gläubigen seinen Bewegungen gut folgen können.

Als Nächstes ist für das Freitagsgebet eine Predigerkanzel nötig, die traditionell mindestens drei Stufen hat. → Muhammad selbst predigte im Innenhof seines Hauses, indem er auf einen Palmstumpf stieg. Letztlich muss eine Moschee gar kein Haus sein, denn die ersten Muslime beteten unter freiem Himmel, und auch in der großen Moschee von Mekka kann man dies bis heute beobachten.

Die Minimalanforderungen für eine Moschee, die kein sakraler Ort im engeren Sinne ist, sind also recht gering. Der Ort muss rituell → rein sein und darf keine bildlichen oder figürlichen → Abbildungen in der Gebetsrichtung haben (dies ist auch ein Grund, weshalb Muslime in Kirchen nicht beten).

Tatsächlich gehört zu einer Moschee jedoch noch eine Menge mehr. Meistens gibt es einen getrennten Ort für das Gebet von Frauen und Männern. Nach außen ist eine Moschee im besten Fall durch Minarett und Kuppel erkennbar. Für Predigten und Ansprachen außerhalb der Freitagspredigt kann es eine besondere Kanzel geben. An die Moschee sind in der Regel Waschräume oder Brunnen angeschlossen, um die rituelle Waschung vornehmen zu können. Häufig ist die Moschee auch der Ort der religiösen Bildung von Kindern und Erwachsenen, so dass eine Bibliothek und Unterrichtsräume nötig werden. Und schließlich ist die Moschee in nichtislamischen Ländern auch zur Anlaufstelle für den Kauf von Lebensmitteln, die den Speisevorschriften entsprechen, geworden. Eine Teestube als Treffpunkt nicht nur der älteren Männer kommt meist hinzu, oft auch ein Treffpunkt für die Frauen.

Die Moschee, in der das Freitagsgebet verrichtet wird, heißt *ğami*, weil man sich dort versammelt. Innerhalb einer praktikablen Größenordnung soll es idealerweise nur eine Freitagsmoschee geben, um den Zusammenhalt der Muslime zu bekräftigen.

Geht das christliche Abendland
unter, wenn der
Muezzin
vom Minarett ruft?

Diesen Eindruck kann man zuweilen gewinnen, wenn in Kommunen mit allen Mitteln an der minarettfreien Skyline festgehalten wird.

Dabei ist der Dienst des Muezzins aus einer praktischen Notwendigkeit heraus entstanden. Da die → Gebete sich nach dem Stand der Sonne richten, verschieben sich die Zeiträume, in denen sie verrichtet werden können, täglich um einige Minuten. Um also die Gläubigen über den Beginn einer Gebetszeit zu informieren, wurde das Amt des Muezzins geschaffen. Dass die Muslime zum Gebet rufen, statt etwa zu läuten oder zu klappern, geht auf einen Traum zurück, in dem auch der Ruf entstand:

Gott ist größer. Ich bezeuge, dass es keinen Gott außer Gott gibt. Ich bezeuge, dass Muhammad der Gesandte Gottes ist. Auf zum Gebet! Auf zum Heil! Gott ist größer. Es gibt keinen Gott außer Gott. Diese Worte laden in arabischer Sprache zum Gebet ein (die Wiederholungen sind ausgelassen). Zum Frühgebet fügt der Muezzin noch hinzu: *Das Gebet ist besser als der Schlaf!* In der Türkei hat es Bestrebungen gegeben, den Gebetsruf in türkischer Übersetzung auszurufen, aber das ging den Gläubigen dann doch zu weit, und die Muezzine rufen weiterhin überall auf der Welt in derselben Sprache.

Zu den Eigenschaften, die ein Muezzin unbedingt besitzen muss, gehören Verlässlichkeit und eine laute, gut verständliche Stimme. Eine besondere Ausbildung ist zwar nicht erforderlich, aber zum Renommee einer bedeutenden Moschee gehört ein guter Muezzin, der mehrere Intonierungen des Gebetsrufes beherrscht. Zu feierlichen Anlässen können dem Gebetsruf auch Lobpreisungen angefügt werden.

Das Minarett dient eigentlich allein dazu, den Ruf weithin hörbar zu machen. Der erste Muezzin, den Muhammad selber berief, war der freigelassene schwarze Sklave Bilal. Zum Gebetsruf bestieg er das höchste vorhandene Gebäude. Im Laufe der Geschichte hat sich daraus ein eigenes architektonisches Element entwickelt.

Rechtlich gesehen gibt es keinen Grund, den Gebetsruf anders zu bewerten als Glockengeläut, und das heißt, dass nicht zuletzt die Faktoren vor Ort mitentscheidend sind. Da geht es um den entstehenden Lärmpegel, die Uhrzeit und die Art der Bebauung. Der Inhalt des Rufes ist außer Acht zu lassen.

68 Frage

Wer war **Muhammad**?

Den Muslimen gilt er als der Prophet schlechthin, als vorbildhafter Mensch in jeglicher Hinsicht – der Koran fordert immer wieder auf: *Gehorcht Gott und seinem Gesandten!* –, aber trotz aller Verehrung und Liebe bleibt er ein Mensch, wie alle anderen. Sein Name wird von keinem Muslim ausgesprochen oder niedergeschrieben, ohne eine fromme Anrufung hinzuzufügen, etwa *Gott segne ihn und gewähre ihm Heil.*

Die Geburt Muhammads datiert wahrscheinlich in das Jahr 570. Er erblickte in → Mekka das Licht der Welt, wo er dem verarmten Zweig einer angesehenen Familie angehörte. Er wurde früh Waise, so dass er selbst später sich immer wieder für das Los der Witwen und Waisen stark machte.

In seinem Beruf als Karawanenbegleiter reiste er bis nach Syrien. Er machte sich einen guten Namen durch seine Fähigkeiten, aber auch durch seine Aufrichtigkeit und Vertrauenswürdigkeit und seinen angenehmen Charakter. Die reiche Kaufmannswitwe → Khadiǧa wurde auf den jungen Muhammad aufmerksam und bot ihm die Ehe an. Obwohl sie wesentlich älter war als er, führten beide eine glückliche Ehe, und bis zu Khadiǧas Tod nahm Muhammad keine weiteren Ehefrauen. Khadiǧa war es auch, die Muhammad als erste Glauben schenkte und ihn bestärkte, als er im Alter von 40 Jahren sein Berufungserlebnis zum Propheten hatte.

Bis zu seinem Lebensende erhielt er nun durch den Engel → Gabriel Offenbarungen zu verschiedenen Anlässen. Zuerst ging es hauptsächlich um den Aufruf zum Glauben an den einen Gott und um die Warnung vor dem → Jüngsten Gericht. Aber seine Botschaft fand zunächst wenig Anklang. Die kleine muslimische Gemeinde war Verfolgungen ausgesetzt und Muhammad ließ einen Teil, 86 Männer mit ihren Familien, im Jahre 615 ins christliche Abessinien auswandern, wo der Negus sie vor der Verfolgung durch die Mekkaner in Schutz nahm. Die Lage in Mekka verschärfte sich soweit, dass Muhammad 622 mit seiner Gemeinde nach Medina auswanderte. Dort war er als Streitschlichter willkommen und konnte das Gemeindeleben nach islamischen Regeln frei organisieren. Die Auseinandersetzungen mit den Mekkanern rissen aber nicht ab, und auch christliche und jüdische Stämme wurden in kriegerische Auseinandersetzungen verwickelt. 630 nahmen die Muslime friedlich Mekka ein. 632 vollzog der Prophet ein letztes Mal die *haǧǧ*, die Wallfahrt, bevor er an einem Fieber verstarb. Er wurde in Medina beigesetzt.

Die Aufgaben, denen Muhammad sich stellen musste, reichten weit über das bloße Prophetenamt hinaus. Er war der authentische Interpret des Korans, an dem sich die Gläubigen bis heute orientieren, er leitete die Gemeinde in weltlichen Angelegenheiten wie in geistlichen, und um für ihren Bestand zu garantieren, blieb ihm auch das Amt eines Heerführeres und Strategen nicht erspart. In Medina wirkte er als politischer Vermittler.

Das Bild des Westens von Muhammad war jahrhundertelang von

Vorurteilen und religiösen Ressentiments bestimmt, die Muhammad als Lügner, falschen Propheten, vom Teufel Besessenen oder Geisteskranken diffamierten. Diese Zeiten sind heute glücklicherweise vorbei, so dass auch Nichtmuslime Muhammad als eine der großen Gestalten der Weltgeschichte wahrnehmen und würdigen können.

Wie wird man **Muslim**?

Eigentlich müsste die Frage aus muslimischer Sicht lauten: Wie wird man etwas anderes als ein Muslim? Denn von Muhammad ist überliefert, dass jeder Mensch als Muslim geboren wird, während es dann seine Eltern sind, die ihn zum Angehörigen einer anderen Religionsgemeinschaft machen. Muslim ist man durch Geburt.

Im Islam gibt es daher keine der Taufe vergleichbare Initiation. Es gehört zur natürlichen Anlage jedes Menschen, *muslim*, gottergeben zu sein. Wer sich als Erwachsener aus einer anderen Weltanschauung heraus für den Islam entscheidet, kehrt also nach islamischer Meinung in den Islam zurück.

Spätestens, wenn ein Muslim aus einem nicht traditionell muslimischen Land sich überlegt, die Wallfahrt nach Mekka, die *haǧǧ* anzutreten, braucht er eine Bescheinigung darüber, dass er tatsächlich Muslim ist. Die Einreise nach Saudi Arabien ist für Nichtmuslime nur zu ganz bestimmten Zwecken möglich, und den Heiligen Städten dürfen Nichtmuslime sich nicht einmal bis auf Sichtweite nähern. Wer nun dorthin will, muss glaubhaft machen, dass er Muslim ist. Gemeinhin tut man dies, indem man vor zwei muslimischen Zeugen die → *šahada* ausspricht. Große Moscheen oder muslimische

→ Organisationen stellen darüber Bescheinigungen aus. Viele angehende Muslime legen die *šahada* vor Zeugen ab, um nach außen und vor sich selbst die Annahme des Islams zu verdeutlichen.

Männer, die den Islam annehmen, lassen meist auch die → Beschneidung vornehmen. Beliebt, wenn auch nicht zwingend erforderlich ist die Annahme eines islamischen Namens.

70 Frage

Wer waren die
Mütter
der Gläubigen?

Nach dem Tode → Khadiǧas, mit der er in Einehe gelebt hatte, nahm der Prophet noch eine ganze Reihe von Frauen zu seinen Ehefrauen. Die für die übrigen Gläubigen geltende Beschränkung auf vier Ehefrauen gleichzeitig galt für ihn wegen seines Prophetenstatus´ nicht, und bei seinem Tod hinterließ er neun Witwen, wobei die Zahl seiner Frauen insgesamt mit 13 oder 15 beziffert wird.

An der großen Zahl seiner Frauen hat antiislamische Polemik stets großen Anstoß genommen. Doch gerade hier lohnt sich ein genauerer Blick. Unter den Frauen waren zahlreiche Witwen, die durch die Möglichkeit der Mehrehe »versorgt« waren. Andere Ehen waren aus politischen Gründen angeraten.

In der Wertschätzung der Muslime nehmen die Frauen Muhammads einen hohen Rang ein. Viele Hadithe, Überlieferung aus dem Leben des Propheten, gehen auf sie zurück, was besonders wichtig ist, da sie so über Muhammads private Lebensführung berichten konnten. Ihnen wurde der Ehrentitel *Mütter der Gläubigen* verliehen, was sie zu einem vorbildlichen Leben noch einmal besonders verpflichtete. Nach dem Tod Muhammads war es ihnen untersagt, eine weitere Ehe einzugehen.

Von einigen Frauen ist eine recht plastische Erinnerung präsent. Die erste Stelle nimmt hier sicher → Ayša, die Lieblingsfrau Muhammads ein. Sie war die Tochter → Abu Bakrs und kam schon im Kindesalter in den Haushalt des Propheten; die Ehe wurde natürlich erst später vollzogen. Ayša war die einzige Frau, in deren Wohnung der Prophet Offenbarungen empfing, und sie sollte selbst einmal Anlass zur Herabsendung eines Koranverses geben. Die berühmte »Halsbandaffaire« ist mit ihr verbunden: auf einem Feldzug blieb sie einmal zurück, weil sie ihre Halskette verloren hatte, und die übrige Gesellschaft zog ohne sie weiter. Es war ein junger Mann, der sie fand und auf dessen Kamel sie am nächsten Morgen ins Lager der Muslime zurückkehrte. Gerede und Verleumdungen nahmen ein Ausmaß an, dass göttliche Intervention erforderte. Ein Koranvers (24:11-14) klärte den Propheten und die Gemeinschaft darüber auf, dass man die junge Frau des Gesandten Gottes zu Unrecht verleumdet hatte.

Ayša galt als klug, sie wusste ihre Worte zu wählen, und auch an Schönheit mangelte es ihr nicht. Allerdings wurde sie trotz ihrer Vorzüge und der ausnehmenden Vorliebe Muhammads für sie oft von Eifersucht geplagt. Sie spielte auch nach dem Tod des Propheten eine Rolle im politischen Leben.

Wie sieht es mit der **Nächstenliebe** aus?

Wenn man streng nach den Quellen geht, findet man im Islam eine qualitative Abstufung der Solidarität mit den Mitmenschen, die davon abhängt, ob diese dem Islam, Judentum oder Christentum oder den formell Ungläubigen angehören. Muslime sind untereinander

Schwestern und Brüder im Glauben und verpflichtet, sich gegenseitig unabhängig von Geschlecht, Herkunft oder sozialer Stellung als solche anzunehmen und zu unterstützen. Bekannt ist der Ausspruch → Muhammads: *Keiner von euch ist wirklich gläubig, bevor er nicht seinem Glaubensbruder das wünscht, was er für sich selber erhofft.*

Mit den Schriftbesitzern besteht Teilgemeinschaft, die Freundschaft mit Ungläubigen wird durch den Koran abgelehnt, wobei politische Hintergründe eine Rolle spielen und das Wohl der muslimischen Gemeinde im Vordergrund steht.

Gleichzeitig ist den Muslimen immer bewusst geblieben, dass die Menschheit eine einzige Familie ist, die in → Adam ihren gemeinsamen Stammvater hat: *Ihr Menschen! Wir haben euch geschaffen von einem männlichen und einem weiblichen Wesen, und wir haben euch zu Verbänden und Stämmen gemacht, damit ihr euch untereinander kennt.* (49:13) Besonders der → Sufismus hat eine Tradition der Menschenliebe und Barmherzigkeit, die nicht an weltanschauliche Schranken gebunden ist. Insbesondere die tätige Nächstenliebe hat an den Konventen der Sufis stets ihren Platz gehabt.

72 Frage

Gibt es islamische **Namen**?

Ob jemand Muslim ist, erkennt man oft schon am Vornamen. Zwar haben viele Länder das klassische islamische System der Namensgebung durch das europäische Modell von Vor- und Familienname ersetzt, aber wenigstens die Vornamen vieler Muslime sind noch sehr sprechend.

Gerne orientiert man sich an den Namen großer Persönlichkeiten des Islams. Die Namen des Propheten sind Vorbild für die beliebtesten Männernamen: Muhammad, Ahmad, Mustafa. In den verschiedenen Dialekten oder außerarabischen Sprachen haben natürlich Lautverschiebungen stattgefunden; manchmal begründet man solche Phänomene mit einer frommen Vorsichtsmaßnahme. Was wäre denn, fragen sich türkische Eltern, wenn ihr Sprössling ihnen Kopfzerbrechen bereitet, und sie sich dazu hinreißen ließen, auf den kleinen Muhammad bitter zu schimpfen? Dann nennt man ihn doch lieber Mehmet.

Beliebte Frauennamen orientieren sich an den Müttern der Gläubigen, wobei allerdings Ši`iten eine Ausnahme machen – freiwillig würde unter ihnen niemand seine Tochter Ayša nennen. Ši`iten vermeiden auch die Namen der ersten drei → Khalifen.

Wo Namen anderer Propheten als → Muhammad gewählt werden, kann man nicht sofort feststellen, ob ihr Träger Muslim ist, denn Yahya, Johannes, oder Daud, David, kann auch ein arabischer Christ heißen.

Einen betont religiösen Charakter haben Namen, die nach den → 99 Namen Gottes gebildet werden, indem man ihnen ein *Abd*, Diener oder Knecht, voranstellt. Abdullah ist der »Diener Gottes«, Abdurrahman der »Diener des Barmherigen« und dergleichen mehr. Auch Bildungen mit *din*, Religion, sind beliebt. Im Mittelalter wurden Ehrennamen so gestaltet. Nuruddin bedeutet »Licht der Religion«, Salahuddin (Saladin) heißt »Waffe der Religion«, Šamsuddin, »Sonne der Religion« – die Möglichkeiten sind schier endlos. Die türkische Variante endet auf *-ettin*; aus Nuruddin wird Nurettin.

Daneben existieren auch viele Namen, die keinen direkten religiösen Bezug haben, oder die eher allgemein eine Tugend oder etwas Gutes zum Ausdruck bringen. Hayat, »Leben« oder Iman, »Glaube« sind beliebte Frauennamen.

Weshalb hat Gott ausgerechnet 99 **Namen**?

Keine Sorge, er hat hundert – das Problem ist nur, dass wir den hundersten Namen nicht kennen, und das Lebewesen, das ihn kennt, ist weise genug, ihn uns nicht zu verraten. Es ist das Kamel, das den Kopf entsprechend hoch trägt.

Die 99 schönsten Namen Gottes hat die islamische Frömmigkeit aus dem → Koran extrahiert. Nicht nur im freien → Gebet und in der Bildung → islamischer Namen spielen sie eine Rolle. → Kalligrafisch gestaltete Tafeln mit den Namen schmücken → Moscheen oder Privaträume.

Man kann die Namen in vier Gruppen einteilen, die auf Gottes Herrschaft, seine Schöpfertätigkeit, seine besonderen Eigenschaften und auf seine Einzigkeit hinweisen.

Als Herrscher nennt man ihn etwa den König, den Verleiher des Friedens, den Allmächtigen, den Unterwerfer, den weisen Richter, den Wachsamen oder den Ruhmvollen. Zu seinem Schöpfersein gehört es, ihn als den Lebensspender, den Erhalter, den Beschützer, den stets Verzeihenden, den Gütigen oder den Wohltätigen zu preisen. Weitere Namen sind: der Öffnende, der Allwissende, der Zeuge, der Liebevolle, der Erste, der Letzte, der Erniedriger, der Erhöher, das Licht oder der Ewige.

Seine Einzigkeit spiegelt sich u. a. in den Namen: der Eine, der Einzige oder der Unabhängige.

Bei all diesen Namen muss man beachten, dass Gott absolut transzendent ist, so dass die Vorstellung von göttlichen Eigenschaften mit aller theologischer Vorsicht zu würdigen ist.

Wie islamisch
sind islamische
Organisationen?

Muslime in mehrheitlich nichtmuslimischen Ländern stehen in einem Dilemma. Eigentlich ist es im Islam nicht vorgesehen, dass die Gläubigen sich zu speziellen Organisationen zusammenschließen müssen, um ihre Religionsausübung zu gewährleisten.

Viele Fragen gehen alle Muslime an, wie etwa das Freitagsgebet, der Bau und Unterhalt einer → Moschee, die Versorgung mit rituell reinen Lebensmitteln, die Frage nach dem Religionsunterricht an staatlichen Schulen, die → Bestattung nach islamischem Ritus, um nur einige Beispiele zu nennen. Auch der säkulare Staat hat es in der Begegnung mit seinen muslimischen Bürgern leichter, wenn ihre Interessen gemeinschaftlich artikuliert werden.

Damit gehen aber einige Schwierigkeiten einher, denn der Islam ist ja gerade keine Kirche. Jeder Gläubige steht unmittelbar vor Gott, und was im Glauben ein Vorteil sein mag, wirkt sich politisch als Nachteil aus. Der Zusammenschluss zu Vereinen und Verbänden hat in der islamischen Geschichte kein Vorbild und ist für alle Beteiligten Neuland. Einige Muslime sind nun der Meinung, sie wären befugt, für »die Muslime« zu sprechen, andere wehren sich vehement gegen solche Ansprüche und sehen die Organisationen als dem Wesenskern des Islams widersprechend an.

Bis sich hier alles vertrauensvoll findet, werden noch zähe Kämpfe um Integrität und Unabhängigkeit von politischer und wirtschaftlicher Einflussnahme aus den Heimatländern zu bestehen sein. Die eher offene Struktur des Islams wird hier zum Problem, denn »islamisch« ist kein geschützter Begriff, und wenn damit organisierter Missbrauch getrieben wird, sind Muslimen, die sich nicht organisiert haben, die Hände gebunden. In Deutschland gehören nur etwa 15% der Muslime Vereinen oder Verbänden an.

Kann man im
Paradies
Gott schauen?

Diese Frage hat in der islamischen Theologie eine kontroverse Diskussion nach sich gezogen. Die Aussagen des Korans über Paradieseswonnen in Gärten, wo Milch und Honig fließen, sind zwar beeindruckend, aber bereits die Mystikerin Rabi'a von Basra (717 – 801) hatte den Brand der → Hölle löschen und Feuer ans → Paradies legen wollen, weil sie nicht durch Furcht oder Hoffnung auf himmlischen Lohn beseelt war, sondern es ihr um Gott selbst ging.

Einige Aussagen des → Korans stellen eine Gottesschau in Aussicht, so heißt es: *An jenem Tag wird es strahlende Gesichter geben, die auf ihren Herrn schauen, und andere, die finster sind, so dass man meinen könnte, eine Brandkerbe werde darauf angebracht.* (75:22-25)

Was es mit diesem *auf ihren Herrn schauen* auf sich hat, hat die Exegeten ausführlich beschäftigt. Einige waren der Ansicht, es könne nur um eine Herzensschau gehen, andere hielten die Aussage für ein »Sehen mit Augen«. Ein weiterer Vers, der zu dieser Frage bemüht wurde, ist: *Die Blicke (der Menschen) erreichen ihn nicht, werden aber von ihm erreicht* (6:103). Die Befürworter der Gottesschau ließen ihn als Einwand nicht gelten, weil es ja um die jenseitige Welt geht.

Die → Sufis gehören zu den Befürwortern der Möglichkeit einer solchen Schau. Sie verweisen gerne auf → Muhammads → mi'rağ. Bei dieser Himmelsreise soll der Gesandte Gottes *zwei Bogenlängen* (53:9) von seinem Schöpfer entfernt gewesen sein, und der *Blick des Propheten schweifte nicht ab* (53:17).

Gibt es im Islam keine **Priester**?

Nein, denn jeder Mensch ist für seine Taten und Unterlassungen selbst verantwortlich. Der Islam lehnt das Konzept einer Mittlerschaft zwischen dem einzelnen Gläubigen und seinem Gott ab. Auch die Vorstellung einer Weihe von Personen ist ihm fremd. Seelsorge, wie sie aus dem Christentum mit der Gemeindeleitung verbunden gedacht wird, existiert in dieser Form nicht.

Eine Hierarchie von Klerikern hätte – wenigstens im sunnitischen Islam – auch gar keinen Platz, denn was die islamische Gemeinde braucht, ist jemand, der die Gebete leitet, nicht jemand, der ihr den Segen Gottes vermittelt oder der an Gottes statt handelt.

Im Prinzip kann jeder Muslim ein → Imam, ein Vorbeter, sein. Wenn drei Muslime gleichen Geschlechts gemeinsam beten, bestimmen sie einen aus ihrer Gruppe zum Imam. Dabei fällt die Wahl auf den, der die besten religiösen Voraussetzungen dazu mitbringt. Beten Frauen untereinander, bestimmen sie eine der ihren zur Vorbeterin. Allerdings tritt diese im Unterschied zum männlichen Vorbeter nicht vor die versammelten Beterinnen, sondern sie bleibt in der ersten Reihe.

Der Imam kann einen Umhang und eine Kopfbedeckung anlegen, aber damit ist kein geistliches Amt verbunden, sondern es dient dazu, die Konzentration auf das Gebet zu verstärken. Der Mantel des Imams ist somit dem Talar eines evangelischen Pfarrers näher als dem Messgewand seines katholischen Kollegen.

Der Imam ist ein Experte in religiösen Angelegenheiten und je kleiner eine Moschee ist, desto vielfältiger sind seine Aufgaben, aber in der Beziehung zu den Gläubigen ist er eher eine Respektsperson als jemand, an den man sich mit privaten Problemen wendet.

Ganz anders gestaltet sich die Rolle des Imams allerdings im schiitischen Islam. Dort gilt der Imam als mit esoterischem Wissen begnadet und unfehlbar, derzeit aber als entrückt, so dass man auf seine Wiederkehr wartet. Die Leitung der Gemeinschaft ist bis dahin nur ein Provisorium.

77 Frage

Wie viele
Propheten
gibt es im Islam?

Das weiß Gott allein. Nach islamischer Vorstellung hat jedes Volk und jede Gemeinschaft ihren Propheten gehabt: *In jeder Gemeinschaft hat es einmal einen Warner gegeben* (35:24). Dies ist nämlich die Aufgabe des Propheten: zum Glauben an den einen Gott aufzurufen und vor dem Jüngsten Gericht zu warnen. Propheten sind *Verkünder froher Botschaft und Warner* (6:48). Stets verkünden sie die eine Forderung Gottes: *Es gibt keinen Gott außer mir, dient mir!* (21:25)

Die gesamte Geschichte der Menschheit ist von einer wiederholten Hinwendung Gottes zu den Menschen durchzogen. Das Muster ist stets das gleiche: auf eine Verfehlung des Menschen folgt die erneute Rechtleitung durch Gott, der einen Propheten bestimmt. Dies beginnt bereits bei → Adam. Zwar sind nicht alle Propheten den Menschen noch namentlich bekannt, aber es lassen sich zwei große Linien ausmachen. Einmal die große Tradition von Figuren, die auch in der Bibel eine Rolle spielen. Allerdings ist hier zu beachten, dass der christliche Begriff des Propheten sich vom islamischen unterscheidet, so dass Gestalten wie Adam, Noah (Nuh), Abraham (Ibrahim), Isaak, Jakob, Josef (Yussuf), David (Daud), Salomo, Hiob (Ayyub), Johannes der Täufer (Yahya) und → Jesus (Isa) dem Islam als Propheten gelten. Daneben kennt der Koran eine Reihe altarabischer Propheten, wie Hud oder Salih. Die Möglichkeit, dass auch → Frauen Trägerinnen der Prophetie sein könnten, zieht der Koran nicht in Erwägung, jedenfalls kommen die großen Frauengestalten der Bibel nicht vor. Aarons Schwester Miriam wird zwar erwähnt, allerdings ohne sie als Prophetin zu charakterieren.

Allerdings unterscheidet der Islam zwei Arten von Propheten. Der *nabi* ist jemand, der eine göttliche Botschaft empfängt und weitergibt. Dem *rasul*, dem Gesandten, hingegen ist eine Heilige Schrift anvertraut.

Bedeutende Empfänger solcher Schriften sind → Moses, der die Thora empfing, David, der den Psalter, *zabur*, erhielt, → Jesus, der das Evangelium, *ingil*, bekam und schließlich Muhammad, auf den der Koran herabgesandt wurde. Die wiederholte Herabsendung von Schriften der inhaltlich gleichen Botschaft wurde in den Augen der Muslime dadurch notwendig, dass die Gemeinschaften, die um Moses und Jesus entstanden, den Sinn der Schriften nicht unverfälscht bewahrten. Den Juden macht der Koran den Vorwurf der Schriftverheimlichung und Schriftverfälschung. Zur Korrektur wurde Jesus mit dem Evangelium gesandt. Die Christen wichen jedoch wieder von der herabgesandten Wahrheit ab, insbesondere indem sie die Schrift verfälschten. Besonders die frühchristlichen Konzilien aber auch das Werk des Apostels Paulus sind Ziel dieser Vorwürfe. Dreieinigkeit und Gottessohnschaft Jesu gelten dem Koran als Abweichung von der Wahrheit. Um dies ein letztes Mal zu korrigieren, wurde der Prophet → Muhammad als letzter und endgültiger Prophet berufen, um den Koran zu verkünden. Der unverfälscht bewahrte und von Gott selbst geschützte Koran ist gleichsam Gottes letztes Wort im Wechsel von Verfehlung und Rechtleitung. Muhammad ist das *Siegel der Propheten* (33:40).

Grafische Darstellungen solcher Prophetengenealogien von Adam an sind sehr beliebt. Sie werden kunstvoll zu »Bäumen des Prophetentums« gestaltet.

Ist der
Ramadan
eine unzeitgemäße Quälerei?

So kommt es manchen Nichtmuslimen vor, wenn sie etwa als Lehrer erleben, dass muslimische Kinder im Unterricht einschlafen oder schlimmeres. Hinter solchen Zwischenfällen steht aber mehr ein Kommunikationsproblem als ein religiöses Gebot.

Das Fasten im Monat Ramadan ist zwar eine anspruchsvolle religiöse Übung, die den Menschen körperlich und seelisch fordert, aber es existieren genug Ausnahmeregelungen, die verhindern, dass jemand dadurch Schaden nimmt. So gilt für Kinder, dass sie nach und nach langsam an das Fasten herangeführt werden sollen. Kranke, Alte, schwangere, stillende und menstruierende Frauen sind vom Fasten ebenso ausgenommen wie (Schwer-)Arbeiter unter extremen Bedingungen – etwa am Hochofen – oder Menschen, die eine besondere Verantwortung tragen, wie etwa Richter am Tag eines Urteils.

Der Fastenmonat ist eine Zeit der intensiven Hinwendung zu Gott, die sich nicht allein im körperlichen Fasten ausdrückt, sondern auch in Reue, → Gebet, Koranrezitationen, → Almosengeben, Armenspeisungen, Pflege der gemeinschaftlichen Verbundenheit und der Beilegung von Streit und Zwietracht. Das eigentliche Fasten soll die Besinnung verstärken und die Solidarität mit denen wecken, die ständig Hunger leiden. Besonders fromme Muslime ziehen sich einige Tage in die Moschee oder in einen Teil ihres Hauses zurück und gehen gleichsam in Klausur. Im Ramadan gedenkt man insbesondere der Herabsendung des Korans, besonders in der *laylatu-l-qadr*, der Nacht der Macht, die traditionell am 27. Ramadan begangen wird, obwohl man nicht genau weiß, wann sie liegt.

Das Fasten beginnt morgens, wenn man im Morgengrauen einen schwarzen von einem weißen Faden unterscheiden kann und endet abends bei Sonnenuntergang. Man enthält sich vollständig aller Speisen und Getränke, atmet keine Wohlgerüche ein, raucht nicht und betätigt sich nicht sexuell. Wer nicht fasten kann, gibt ersatzweise Almosen oder holt das Fasten später im Jahr nach – deshalb trifft man immer wieder einmal Frauen, die fasten, um so die wegen der Menstruation versäumten Fasttage nachzuholen.

Das gemeinsame Fastenbrechen am Abend geschieht traditionell mit einer ungeraden Zahl von Datteln und einem Schluck Wasser oder Milch. Da sich der gesamte Tagesrhythmus verschiebt, ist es eine große Herausforderung, das Fasten in einer mehrheitlich nichtmuslimischen Umgebung zu halten. Müdigkeit und Konzentrationsschwierigkeiten tagsüber werden in islamischen Ländern nachsichtiger beurteilt.

79 Frage
Was lernt man in einer **Rechtsschule**?

Schule meint hier nicht Lehranstalt, sondern eher eine Denkrichtung in der islamischen Rechtslehre. Unter den Abbasiden strukturierte sich das islamische Recht, die → *šari´a*. Aus dieser Entwicklung gingen mehrere Richtungen hervor, von denen vier bis heute noch relevant sind. Sie gehen auf bedeutende islamische Gelehrte zurück, nach denen man sie auch benennt: Abu Hanifa (gest. 767), Malik Ibn Anas (gest. 795), Aš-Šafi`i (gest. 820) und Ahmed Ibn Hanbal (gest. 855).

Die Unterschiede zwischen den Rechtsschulen sind nicht erheblich. Sie spielen eine Rolle in der Lebenspraxis der Muslime insofern sie auch die regionalen Besonderheiten der Lebensbedingungen in Betracht ziehen. So kann eine Rechtsschule den Genuss von Meerestieren verbieten, während andere sich dazu nicht äußern. Jeder sunnitische Muslim ist an eine der vier Schulen gebunden, aber es ist möglich, sich in Einzelfragen an einem fremden *madhhab*, so der arabische Begriff, zu orientieren.

Hanafiten findet man heute in der Türkei, Syrien, dem Libanon, Jordanien und dem Irak bis hin nach Afghanistan und Pakistan, Zentralasien und China. Der hanafitische *madhhab* bietet der individuellen Rechtsfindung recht breiten Raum. Malikiten leben vornehmlich auf der arabischen Halbinsel und in Afrika. Malik orientierte sich vor allem am Recht Medinas und hinterließ eine traditionstreue Sicht der Dinge. Anhänger der šafi`itischen Rechtsschule verfolgen eine Richtung zwischen hanafitischer Offenheit und malikitischer Observanz. Man findet sie vor allem in Ägypten, dann aber auch in den Gebieten, in denen Hanafiten leben. Der hanbalitische *madhhab* orientiert sich am koranischen Wortlaut und kritisiert die individuelle Urteilsfindung. Hanbaliten leben vornehmlich in Saudi-Arabien, am Golf, in Bagdad und Damaskus. Aus der hanbalitischen Rechtsschule ist die *salafiyya* hervorgegangen, eine Strömung, die als extrem konservativ bezeichnet werden kann. Im 19. Jahrhundert entstanden, strebte sie eine Orientierung an der islamischen Frühzeit an. Hinter ihrer Propagierung steht nicht allein Überzeugung, sondern auch so mancher Öldollar.

80 Frage

Sind Schweine schmutzig, auch wenn man sie mit Seife schrubbt? – oder: Was ist **rituelle Reinheit**?

Etwas, was Angehörige einer christlich geprägten Kultur nur sehr schwer nachvollziehen können, ist die Vorstellung ritueller Reinheit, *tahara*, und entsprechender Unreinheit. Dabei existieren solche

Vorstellungen ja auch im Judentum, und das Neue Testament nimmt oft Bezug darauf.

Rituell rein und unrein darf dabei nicht als Wertung missverstanden werden. Es geht den Menschen darum, sich auf die Begegnung mit Gott im → Gebet vorzubereiten und Abstand von ihren Sünden zu nehmen. Zum Ritualgebet, zum Umgang mit dem Koran, gehört es daher, für einen Zustand ritueller Reinheit zu sorgen. Dies geschieht durch Waschungen. Die Ganzwaschung umfasst, wie der Name schon sagt, den ganzen Körper. Menschen, die es ganz genau nehmen, verzichten deswegen auf Nagellack, denn der müsste vor einer Ganzwaschung entfernt werden, wie man auch Fingerringe unter Wasser drehen soll, damit jede Stelle der Haut benetzt wird. Die Ganzwaschung ist nötig nach sexueller Betätigung, am Ende der Menstruation und nach dem Wochenbett. Vor der Teilnahme am Freitagsgebet ist sie ebenfalls üblich. Die Teilwaschung umfasst Hände und Unterarme, Mund und Zähne, Nase, Gesicht, Ohren, ein Streichen über den ganzen Kopf und das Waschen der Füße bis zu den Knöcheln. Dabei bereitet man sich innerlich auf das Gebet vor. Die Teilwaschung ist nötig, wenn man mit unreinen Stoffen in Berührung gekommen ist, nach Schlaf und Ohnmacht oder nach dem Gang zur Toilette.

Die rituelle Reinheit ist tatsächlich rituell zu verstehen. So kann auch das unreine Schwein blitzblanke Borsten haben – *rein* wird es davon nicht.

Ist die
šahada
das islamische Credo?

Das islamische Glaubensbekenntnis, oder besser Glaubenszeugnis, besteht aus nur zwei Zeilen, die aber auf den Punkt bringen, worum es in erster Linie geht: *La ilaha illallah wa-muhammad rasulullah*, »es gibt keinen Gott (oder: keine Gottheit) außer Gott (Allah), und Muhammad ist der Gesandte Gottes.«

Der islamische Glaube, *iman*, kennt aber noch einige weitere wichtige Glaubensartikel, die zum Muslimsein dazugehören. Als Muslim hat man nicht nur an Gott und seinen Propheten → Muhammad zu glauben, sondern auch an die → Engel, die Offenbarungsschriften, die Propheten und an den → Jüngsten Tag: *Wer an Gott, seine Engel, seine Schriften, seine Gesandten und den Jüngsten Tag nicht glaubt, ist weit abgeirrt*, heißt es im Koran (4:136). Der Glaube an die → Auferstehung der Toten und die göttliche Vorsehung gehören ebenfalls zu den Grundsätzen des Islams.

Heißt
šari`a
Händeabhacken und Steinigen? oder:
Wie funktioniert das islamische Recht?

Auf der nach oben offenen Skala der unbeliebten Begriffe rangiert *šari`a* sicher gleich hinter → *fatwa*, weil verschiedene Strafregelungen immer wieder für Skandale sorgen. Sieht man genauer hin, liegen die Dinge weitaus unspektakulärer. Das Wort *šari`a* bedeutet Weg, Straße. Gemeint ist der Weg zu den Quellen.
Die *šari`a* ist ein umfassendes Rechtssystem, das im Wesentlichen

darauf abgestellt ist, eine praktische Antwort auf die Frage zu finden, wie der Mensch gottgefällig leben kann. Es geht darum, die → Rechtleitung, *huda*, die Gott den Menschen durch den Koran und das Vorbild des Propheten gegeben hat, für das Leben fruchtbar zu machen und die Gläubigen vor Fehltritten zu bewahren.

Das Rechtssystem schöpft aus verschiedenen Quellen, die unterschiedlich maßgeblich sind. An erster Stelle stehen natürlich Koran und Sunna, aber wo sie keine konkret anwendbare Regelung enthalten, müssen die Rechtsgelehrten andere Mittel anwenden. Nicht alles, was ein Muslim zu tun und zu lassen hat, ist im → Koran dargelegt. Explizite Vorschriften nehmen darin nur wenig Raum ein. Daher greift das islamische Recht auf sekundäre Quellen zurück, die allerdings nie im Widerspruch zu Koran oder → Sunna stehen dürfen. Da wäre zunächst die Feststellung zu nennen, dass die Gemeinde in ihrer Gesamtheit nicht irren kann, die in verschiedenen Hadithen, Überlieferungen aus dem Leben des Propheten, zum Ausdruck kommt. Aus ihr leitet sich als Rechtsquelle der Konsens der Gelehrten ab. Man kann sich allerdings vorstellen, dass so etwas schwer herbeizuführen ist – muslimische Wissenschaftler sind in diesem Punkt nicht weniger eigen als andere.

Weitere Rechtsquellen sind der Analogieschluss, der Rückgriff auf das Gewohnheitsrecht und schließlich die individuelle Meinungsbildung. Der Analogieschluss ermöglicht es z. B., vom Verbot des Weines Regeln für den Genuss anderer Rauschmittel abzuleiten. In Fällen, wo ein Gelehrter weder in den primären noch in den sekundären Quellen des Rechts einen konkreten Anhaltspunkt findet, wie zu verfahren ist, muss er sich ein eigenes Urteil bilden. Dies darf jedoch nicht nach Gutdünken geschehen, sondern muss sich im Rahmen dessen befinden, was mit den islamischen Grundwerten vereinbar ist.

Welche Rolle spielt das
Schicksal
im Islam?

Der Glaube an die Vorsehung gehört ganz selbstverständlich zum Islam. Ein Hadith, eine Überlieferung aus dem Leben Muhammads, aus der Sammlung An-Nawawis, der in zwei Fassungen gegeben wird, macht dies deutlich: ... *Und wisse, dass die Gemeinschaft, wenn sie sich versammelte, um dir in einer Sache zu nützen, dir nur in etwas nützt, was Allah schon für dich niedergeschrieben hat, und dass sie, wenn sie sich versammelte, um dir in einer Sache zu schaden, dir nur in etwas schadet, was Allah schon für dich niedergeschrieben hat. Die Schreibfedern sind hochgehoben und die Seiten getrocknet. Oder anders gesagt: Wisse, dass das, was dich verfehlte, dich nicht hatte treffen sollen, und das, was dich traf, dich nicht hatte verfehlen sollen.*

Alles liegt also in Gottes Hand, und das Los des Menschen ist schon lange im Buch des Schicksals verzeichnet – *maktub*, es steht geschrieben.

Dabei ist das Schicksal keine blinde Macht, sondern es liegt im Ermessen eines barmherzigen und gnädigen Gottes, der den Menschen und dessen Herz kennt. Das Problem, das sich islamischer Theologie allerdings stellt, ist, wie die Allmacht Gottes mit der Freiheit und Willensfreiheit des Menschen zu vereinbaren sein kann. Wie weit die Vorbestimmung reicht, auf diese Frage gibt der Koran keine eindeutige Antwort. Sowohl die Eigenverantwortlichkeit des Menschen für seine Taten kommt zur Sprache als auch die Prädestination bis in die Frage hinein, wer gläubig wird und wer nicht. Da der Islam daran festhält, dass Gottes Schöpfung ungebrochen gut ist, stellt sich unweigerlich das Problem, wie es sich mit den schlechten Taten der Menschen verhält. Strapaziert man auf der einen Seite die göttliche Allmacht zu sehr, läuft man Gefahr, Gott zum Urheber auch des Bösen in der Welt machen zu müssen und dem Menschen seine moralische Verantwortung zu nehmen. Sieht man auf der anderen Seite einen in seinem Willen völlig autonomen Menschen, stellt sich die Frage, was für eine Kraft es ist, die es den Menschen ermöglicht, dem Willen Gottes entgegengesetzt zu handeln.

Dieses Problem hat islamische Gelehrte über Jahrhunderte beschäftigt, ohne allerdings eine wirkliche Lösung gefunden zu haben. Praktisch erkennt man beides an; der Mensch ist für sein Handeln verantwortlich, gleichzeitig ist Gottes Allmacht unbegrenzt.

84 Frage

Schächten

– muss das denn sein?

Zum Opferfest, wenn jeder Muslim ein Tier schlachten soll, kommt es leider oft genug zu erbärmlichen Szenen. Nicht jeder weiß, wie er vorzugehen hat, und manch einer schneidet sich erst einmal selbst in die Hand, bevor er das Schlachttier mit Mühe und Not zu Tode bringt. Solche Tierquälerei ist allerdings nicht im Sinne des Islams und offenbart daher nicht nur handwerkliches sondern auch religiöses Unwissen.

Die Schächtung des Tieres, die im Islam nötig ist, steht unter der Maxime, das Tier schnell und unter Vermeidung von Aufregung und Schmerzen zu töten. Ein Hadith, d. h. eine Überlieferung aus dem Leben des Propheten, aus der Zusammenstellung An-Nawawis bringt es klar auf den Punkt: *Gott hat das Beste für jede Sache vorgeschrieben. Wenn ihr nun tötet, so tötet recht, und wenn ihr schlachtet, so schlachtet recht. So soll ein jeder von euch seine Klinge schärfen und sein Opfer zur Ruhe bringen.*

Man soll das Tier in Richtung der *qibla*, der Gebetsrichtung, drehen und ihm unter Anrufung Gottes mit einem Gegenstand, der vorgeschriebenerweise scharf sein muss, in einem Schnitt den Hals durchschneiden, damit es umgehend das Bewusstsein verliert und ausblutet. Dass das eine Kunst ist, ist klar. Und auch wenn die Praxis leider oft eine andere Sprache spricht, ist es die Absicht der religiösen Regelungen, eine tiergerechte Schlachtung herbeizuführen.

85^e Frage Wie steht der Islam zur **Sexualität**?

Die Art und Weise, wie Menschen auf sexuellem Gebiet zueinander in Beziehung treten, unterliegt überall auf der Welt in erster Linie kulturellen Rahmenbedingungen. Die Frage nach der Sexualität im Islam kann daher nicht die Praxis in mehrheitlich islamischen Ländern in den Blick nehmen, sondern allein auf das islamische Ideal abheben. Dass die Wirklichkeit nicht immer mit dem übereinstimmt, was im Sinne der Religionsgemeinschaften ist, trifft als Allgemeinplatz nicht nur auf die Verhütungspraxis katholischer Eheleute zu, sondern auch auf die vorehelichen sexuellen Beziehungen vieler junger muslimischer Männer.

Das Ideal wäre allerdings, dass alle muslimischen Frauen und Männer im ehefähigen Alter möglichst bald eine → Ehe eingehen, denn dies ist der einzige Rahmen, in dem Sexualität legitim ist. Mehr noch, ein Sexualleben, das die Bedürfnisse aller Ehepartner berücksichtigt, gilt als verdienstvoll. Wie das? Ein Hadith, eine Überlieferung aus dem Leben Muhammads, erklärt, dass nicht nur der häufige Gebrauch verschiedener religiöser Wendungen einem

→ Almosen gleichkommt, sondern auch das Untersagen des Bösen, der Aufruf zum Guten, *und das Beiwohnen eines jeden von euch ein Almosen darstellt.* Dies wird so erklärt:

Sie sagten »O Gesandter Gottes, einer von uns stillt seine Begierde und darin liegt für ihn Lohn?« Er sagte: »Meint ihr nicht, dass, wenn er sich auf verbotene Weise davon befreite, auf ihm Sünde wäre? Und ebenso gebührt ihm Lohn, wenn er sich auf erlaubte Weise befreit.« Die Beziehung der Ehepartner dient also nicht allein der Zeugung von Nachkommen, sondern sie hat auch ihren gesellschaftlichen Sinn, indem sie die Familienbande festigen und die Partner vor Unzucht schützen soll.

Außereheliche Beziehungen in jeder Form lehnt der Islam strikt ab. Ein Ehebruch zieht für verheiratete Beteiligte die Todesstrafe nach sich, wenn ihn vier erwachsene Männer *in flagranti* gesehen haben und ihn vor Gericht bezeugen. Unverheiratete Beteiligte an einem Ehebruch haben im Falle einer Verurteilung mit körperlicher Züchtigung zu rechnen. Bevor es also zu einem Urteilsspruch kommen kann, muss es faktisch zur Erregung öffentlichen Ärgernisses gekommen sein. Dies macht deutlich, dass der Akzent hier auf dem Erhalt der gesellschaftlichen Ordnung liegt. Auch Homosexualität lehnt der Islam strikt ab. Die Sanktionen können hier ebenfalls bis zur Todesstrafe reichen.

Sehr deutlich wendet sich der Islam dagegen, dass seine Gläubigen ein zölibatäres Leben führen. Zwar hat es im Rahmen des Sufismus immer wieder Menschen gegeben, die auf eine Familie verzichten, aber die Ehe ist streng genommen die einzige akzeptable Lebensform für Muslime.

Wie unterscheiden sich
Ši`iten
und Sunniten?

Weltweit sind 90% aller Muslime Sunniten und 9% Ši`iten. Die Unterscheidung hat ihren Ausgangspunkt in der Frage, wer dem Propheten in der Leitung der islamischen Gemeinschaft nachfolgen sollte. Muhammad hatte weder männliche Nachkommen noch eine verbindliche Nachfolgeregelung hinterlassen. Die Mehrheit der Muslime plädierte daher für die Wahl eines Nachfolgers aus dem Kreis der unmittelbaren Gefolgschaft Muhammads. Dieser Auffassung widersprach jedoch eine Minderheit, die in Ali den designierten Nachfolger des Propheten sah. Ali war der Sohn seines Onkels Abu Talib und hatte → Fatima geheiratet. Die Verfechter dieses Anspruchs nannten sich *ši`at Ali*, Partei Alis, woraus sich die Bezeichnung Ši`iten ableitet. Nach dem gewaltsamen Tod des dritten → Khalifen gelangte schließlich auch Ali durch Wahl in dieses Amt, doch war sein Khalifat von Anfang an umstritten, da er in Zusammenhang mit dem Mord an seinem Vorgänger gebracht wurde. Nachdem er sich zunächst in der sogenannten Kamelschlacht gegen Ayša durchsetzen konnte, erreichte sein Widersacher Mu`awiya Alis Zustimmung zu einem Schiedsspruch. Mu`awiya hatte sich dabei einer List bedient: Seine Soldaten hatten an die Spitzen ihrer Lanzen Koranseiten befestigt, um damit die Forderung nach einem Schiedsgericht auf der Grundlage des Korans zum Ausdruck zu bringen. Die Einwilligung Alis zu diesem Schiedsspruch forderte den Widerspruch eines Teils seiner Anhänger heraus. Weil er seinen Anspruch auf das Khalifat einem menschlichen Urteil unterstellte, warfen sie ihm einen Verstoß gegen das göttliche Gebot vor und verließen in Scharen sein Lager. Der Schiedsspruch selbst fiel nicht zu Gunsten Alis aus, woraufhin Mu`awiya sich zum Khalifen ausrufen ließ. Ali hingegen wurde Anfang des Jahres 661 Opfer eines Attentats. Mit seinem Tod gaben die Ši'iten ihren Anspruch jedoch nicht auf. Sie verfochten vielmehr die Ansicht, dass das Khalifat nunmehr auf Alis Söhne und deren Nachkommen übergehen solle. Die Frage, welcher der späteren Nachkommen dazu prädestiniert sei, führte zur Differenzierung der Ši'a in verschiedene Richtungen. Die wichtigste unter ihnen ist die im Iran und Irak vorherrschende sogenannte Zwölferši'a. Diese Richtung zählt insgesamt zwölf Imame, von denen der elfte Nachkomme Alis durch Gott in die Verborgenheit entrückt wurde, um am Ende der Zeiten als Heilsgestalt, Mahdi, zu erscheinen und seinen Anspruch auf die tatsächliche Leitung aller Muslime durchzusetzen.

Aus einem politischen Dissens sind über die Jahrhunderte die beiden Hauptrichtungen des Islams hervorgegangen. Bemerkenswert ist daher, dass Sunniten und Ši'iten sich daher weniger in Glaubensinhalten als mehr in Fragen der Religionsausübung voneinander unterscheiden. Diese Unterschiede rühren von einem tiefgreifend anderen Verständnis im Umgang mit der prophetischen Tradition als der zweiten Quelle des islamischen Rechts. Für die Sunniten sind die zahllosen Aussprüche aus Muhammads Leben durch seine Gefährten vermittelt worden. Eben diese Personen scheiden jedoch aus ši'itischer Sicht als vertrauenswürdige Gewährsleute aus, da sie Alis Anspruch nicht unterstützt haben.

War Muhammad der Verkünder der göttlichen Botschaft, so war Ali für seine Anhänger deren verbindlicher Interpret. Demzufolge kommen zur prophetischen Tradition alle → Hadithe über das Leben der in ihren Augen inspirierten Imame hinzu. Dieses besondere Verständnis von der Bedeutung der Imame findet darin seinen Ausdruck, dass die Ši'iten zum islamischen Glaubenszeugnis das Bekenntnis zum Hause Alis hinzufügen. Ihre Frömmigkeit ist schließlich von einer intensiven Verehrung der Imame geprägt, die im Besuch und Verehrung deren Gräber zum Ausdruck kommt. Da Ali und die meisten seiner Nachkommen eines gewaltsamen Todes gestorben sind, kommt dem Leiden im ši'itischen Islam eine besondere

Rolle zu. Das Martyrium Husayns bei Kerbela 680 gilt ihnen dabei als Paradigma für das stellvertretende → Leiden der → Imame. Sie gedenken dieses Ereignisses alljährlich durch regelrechte Geißlungen und Passionsspiele.

Der überwiegende Teil der Ši`iten lebt heute im Iran und Irak; Minderheiten gibt es im Libanon, in Afghanistan, Pakistan, Indien, Aserbaidschan und im Jemen. Die Zahl in Deutschland schätzt man auf 125.000 Personen.

87 Frage

Wie sehen die
Speisevorschriften
im Islam aus?

Wie das Judentum kennt der Islam Vorschriften hinsichtlich dessen, was an Speisen als rein und erlaubt, *halal*, und was als verboten, → *haram*, angesehen wird. Für Menschen aus einer christlich geprägten Kultur ist das meist schwer nachzuvollziehen, weil darin nachwirkt, dass Jesus alle Speisen für rein erklärt hat. Man darf nicht unterschätzen, dass viele Muslime Schweinefleisch tatsächlich als ekelerregend wahrnehmen.

Die islamischen Speisevorschriften sind allerdings weniger kompliziert als die jüdischen. In der Hauptsache geht es darum, von welchem Tier Fleisch genossen werden darf und was bei der Schlachtung zu beachten ist. Das Alkoholverbot ergibt sich aus dem koranischen Weinverbot: *Ihr Gläubigen! Wein, das Losspiel, Opfersteine und Lospfeile sind (ein wahrer) Greuel und des Satans Werk. Meidet es!* (5:90) Das Verbot aller Nahrungsmittel, die vom Schwein stammen, ist sicher ebenso bekannt, wie das Alkoholverbot. Darüber hinaus gibt es Regelungen, die vorschreiben, dass Fleisch von Tieren verboten ist, die nicht rituell geschlachtet wurden oder über denen bei der Schlachtung ein anderer Name als der Gottes ausgerufen wurde. Der Koran fasst dies zusammen: *Verboten ist euch (der Genuss von Fleisch) von verendeten Tieren, Blut, Schweinefleisch und (von) Fleisch, worüber (beim Schlachten) ein anderes Wesen als Gott angerufen worden ist, und was erstickt, (zu Tod) geschlagen, (zu Tod) gestürzt oder (von einem anderen Tier) gestoßen ist, und was ein wildes Tier (an)gefressen (oder: geschlagen) hat – es sei denn, ihr schächtet es (indem ihr es nachträglich ausbluten lasst) –, und was auf einem (heidnischen) Opferaltar geschlachtet worden ist.* (5:3) Insbesondere gelten Blut und Aas als für den Verzehr verboten. Die Frage, ob Muslime mit Angehörigen anderer Religionen gemeinsam essen dürfen, beantwortet der Koran positiv: *Und was diejenigen essen, die (vor euch) die Schrift erhalten haben, ist für euch erlaubt, und (ebenso) was ihr esst, für sie.* (5:5) Dies gilt allerdings nur im Rahmen der erlaubten Speisen. Allerdings gehen die Ansichten in der Praxis auseinander. Einige Muslime sind der Meinung, dass von Christen und Juden geschlachtetes Fleisch nur dann gegessen werden kann, wenn es unter Anrufung Gottes → geschächtet wurde. Andere verzehren bedenkenlos Fleisch aus herkömmlicher Schlachtung. Immer möglich sind gemeinsame vegetarische Mahlzeiten oder Ei- und Fischgerichte. In Detailfragen, z. B. ob Gelatine erlaubt ist oder nicht, oder ob bestimmte Schalentiere oder tierische Fette in Fertiggerichten gegessen werden dürfen, variieren die Ansichten.

Schließlich gilt auch im Islam, dass Not Gebot bricht; wer nun keine andere Möglichkeit hat, sein Überleben zu sichern, der darf ausnahmsweise zu verbotenen Speisen greifen: *Und wenn einer (von euch) aus Hunger sich in einer Zwangslage befindet, (und aus diesem Grund gegen ein Speisegebot verstößt), ohne sich (bewusst) einer Sünde zuzuneigen, so ist Gott barmherzig und bereit, zu vergeben.* (5:3)

Was wäre ein islamischer
Staat?

Die Antwort darauf ist zuerst recht einfach; ein Staat ist islamisch, wenn er von Muslimen gerecht regiert wird und das islamische Recht, die *šari`a*, gilt.

In der Praxis wird es mit solchen Ideen recht schnell kompliziert. Nicht allein, dass die Legitimation des Herrschers für endlose Debatten sorgte und noch sorgt, sondern vor allem an der Frage der *šari`a* wird deutlich, dass die Dinge nicht so einfach liegen. Sie anzuwenden setzt voraus, dass die muslimischen Bürger eines Staates Lebensumstände haben, die es ihnen ermöglichen, sich nach den Regeln der Religion zu verhalten. Die berühmte Strafe des Handabhackens bei Diebstahl kann nicht gelten, solange Menschen aus Not stehlen. Der Weg, ein Land zu islamisieren, indem man die *šari`a* einführt, führt daher meist zu absurden Situationen, die von der Bevölkerung nicht mitgetragen werden. Zum islamischen Staat gehört es aber auch, dass seine Bürger Anlass haben, sich im Einklang mit ihrer religiösen Überzeugung loyal und verantwortungsbewusst dem Gemeinwesen gegenüber zu verhalten.

Ein rein nach religiösen Maßgaben organisiertes Staatswesen steht vor dem Problem, Angehörige anderer Religionsgemeinschaften unter islamische Autorität zu bringen. Daraus ist im Mittelalter ein System hervorgegangen, das heute keine Zustimmung mehr finden kann. Minderheiten wurde im islamischen Staat in ihren internen Angelegenheiten die Anwendung des eigenen Rechtes zugestanden. Im Umgang mit Muslimen wurde auf sie islamisches Recht angewendet, wie auch in Konflikten zwischen Angehörigen verschiedener Minderheiten. Vom höchsten Amt im Staat sind Nichtmuslime ausgeschlossen. Da sie nicht zur Verteidigung des islamischen Staates herangezogen werden, leisten sie eine besondere Steuer.

Was ist ein
Sufi?

Bereits sehr früh hat der Islam eine mystische Strömung hervorgebracht. Gläubige, die sich zu Gottesgedenken und Buße von der
Welt zurückzogen, oft in selbstgewählter Armut und Einsamkeit lebten, wurden bald Sufis genannt. Ob dabei die schlichten Wollklei-
der den Ausschlag gaben – Wolle heißt auf arabisch *suf* – oder ob
der Name sich anders herleitet, ist kaum mehr zu bestimmen.

Der mystische Islam, *tasawwuf*, bildete sehr bald eine wichtige
Ergänzung zu eher gesetzestreuen Tendenzen und er bereicherte
die islamische Frömmigkeit um die Gottesliebe. Als sich im Mittelalter die mystische Haltung als Massenphänomen etablierte, entstanden regelrechte Orden, die bis heute in der gesamten islamischen
Welt verbreitet sind, aber auch dort, wo muslimische Minderheiten
leben, zu finden sind. Der Lebensstil der Sufis hat dabei eine große
Vielfalt hervorgebracht. In einigen Orden ist es üblich, sich streng
auch an die Gebote der *šari`a*, des islamischen Rechts, zu halten,
andere leben sehr verinnerlicht. Neben den organisierten Sufis, die
in Konventen oder Bruderschaften um Konvente und Heiligengräber zusammengefasst sind, gibt es auch freie Wanderderwische,
die ein ungebundenes Leben führen. Im Gegensatz zu den festge-
fügten Strukturen der Orden, in denen der *šaykh* als geistlicher Führer über große Autorität verfügt, herrscht unter ihnen ein beachtli-
ches Maß an Heterodoxie.

Allerdings galt und gilt vielen orthodoxen Muslimen die islamische Mystik als suspekt, und es hat durch die Jahrhunderte Auseinandersetzungen gegeben. Kritik übte man am Konzept der Führer-
schaft des *šaykhs*, der seine Adepten den mystischen Pfad, *tariqa*,
lehrt und somit die islamische Vorstellung, dass es keine Mittler auf
dem Weg zu Gott gibt, zu unterminieren scheint, aber auch am mys-

tischen Anspruch selbst. Die Einswerdung mit Gott steht in gewisser Spannung zum Konzept der absoluten Transzendenz Gottes.

Gleichzeitig hat auch die Orthodoxie nicht leugnen können, dass den Sufis große soziale Verdienste zukommen, denn die islamische Mystik ist stets der Ort gewesen, an dem die Liebe zum Mitmenschen ihren besonderen Platz hat. → Seelsorge, Armenküchen und Herbergen wurden und werden oft durch Sufis betrieben.

Nicht zuletzt haben die nichtarabischen Sprachen in der islamischen Welt vom Esprit sufischer Dichtung profitiert.

Sind die
Türken
auch katholisch? –
oder: Was ist ein *tesbih*?

Die Frage, ob die Türken katholisch sind, ist nicht erfunden, sondern tatsächlich in einer rheinischen Bauernfamilie aufgekommen. Der Anlass war, dass man beobachtet hatte, wie türkische Männer eine Perlenkette in der rechten Hand drehten – und das konnte ja nur ein Rosenkranz sein …

Völlig auf dem Holzweg war die Bauernschläue hier nicht, denn auch wenn das Gebetskettchen von manchen bloß als Handschmeichler geschätzt wird, hat es doch seine ursprüngliche religiöse Funktion erhalten. Es ist keine türkische Erfindung, sondern in der gesamten islamischen Welt beliebt. Die klassische Version hat 99 Perlen. An ihr lassen sich die → 99 Namen Gottes beten oder je 33mal die Formeln → *subhanallah*, → *al-hamdulillah* und → *allahu akbar*. Dieses Gebet wird gerne im Anschluss an das rituelle Gebet verrichtet. In vielen → Moscheen sind zu diesem Zweck Gebetsketten vorrätig, aber die meisten Muslime besitzen eine eigene. Von eher schlichten Materialien, etwa ein paar aufgezogenen Pflanzenkernen, Plastik- oder Glasperlchen, reicht die Gestaltungsvielfalt bis zu edleren Materialien.

Im Gegensatz zum katholischen Rosenkranz sind die Perlen auf der Schnur meist frei verschiebbar. Dies hängt, salopp gesagt, mit dem Tempo zusammen, mit dem diese Andacht verrichtet wird. Da pro Perle jeweils eine sehr kurze Anrufung gesprochen wird, ist es bequemer, die Perlen auf der Schnur weiterzuschieben, als eine feste Kette durch die Hände zu bewegen.

Das Prinzip der Gebetskette ist in vielen Religionen bekannt und beliebt, denn es ermöglicht die Wiederholung einer bestimmten Anzahl von Gebeten oder Anrufungen, ohne dass der Betende gleichzeitig beten und zählen müsste. Die Wiederholung erzeugt eine meditative Grundstimmung. Die islamische → Mystik, die lange Wiederholungen benutzt, verwendet manchmal besondere Gebetsketten, die über mehrere hundert Perlen verfügen.

Natürlich kann man seine Gebet auch an den Fingern abzählen oder Aprikosenkerne von einem Häufchen aufs andere stapeln, aber dem unbekannten Inder, der irgendwann einmal auf die Idee kam, das ganze auf eine Schnur zu ziehen, sind Gläubige vieler Religionen weltweit dankbar.

Frage 91

Was tut der
Teufel
im Islam?

Im Großen und Ganzen ist sein Zuständigkeitsbereich derselbe, den auch das Christentum ihm zuweist. Der → Koran warnt die Gläubigen oft und ausführlich vor den Betörungen und Nachstellungen dieses *Feindes der Menschen* (35:6). Hinter dem Namen *Iblis* (Diabolos) oder *Šaytan* (Satan) verbirgt sich ein Geistwesen, von dem nicht feststeht, ob es zu den *ǧinn*, Geistwesen, oder den Engeln zählt. Klar ist aber, dass er und seine Anhänger von Anfang an etwas gegen das Menschengeschlecht hatten. Bereits vor der Erschaffung der Menschen hatten sich → Engel darüber entsetzt, dass Gott vorhatte, Menschen als seine Statthalter auf Erden einzusetzen. Die Engel fürchteten das Unheil und Blutvergießen, das Menschen anrichten sollten. Sie selbst, deren Haupttätigkeit im Lobpreis Gottes bestand, hielten sich für wertvoller. Als Gott nun auch noch befahl, sich vor → Adam niederzuwerfen, gehorchten zwar die meisten Engel, der Teufel und seine Fraktion weigerten sich jedoch, so dass sie verflucht wurden. Das Argument, das *Iblis* vorbrachte war: *Ich bin besser als er. Mich hast du aus Feuer erschaffen, ihn aus Lehm.* (7:12) Trotz des Fluches gelingt es dem Teufel, von Gott einen Aufschub zu erbitten bis zum Jüngsten Tag. Bis dahin geht er nur einer Beschäftigung nach, die er Gott gegenüber so beschreibt: *Darum, dass du mich hast abirren lassen, will ich ihnen auf deinem geraden Weg auflauern. Hierauf will ich von vorn und von hinten und zur Rechten und zur Linken über sie kommen (und sie ganz irremachen). Und du wirst finden, dass die meisten von ihnen nicht dankbar sind.* (7:16-17) Die Worte, die Gott ihm zur Antwort gibt, gehören noch stets zum Repertoire eines islamischen Exorzismus: *Du sollst verabscheut und verworfen sein!* (7:18) Die schlichtere Volksfrömmigkeit rechnet fest mit der Möglichkeit der Besessenheit durch den Teufel oder seine Dämonen, auch wenn Gelehrte sich hier gegen die Auswüchse wehren. Die Phantasie blüht in dieser Hinsicht nicht weniger als im mittelalterlichen Abendland. Schutzgebete und Amulette sind entsprechend beliebt.

Jede Rezitation des Korans wird mit einer Absage an den Teufel eingeleitet, wie es Sure 16:98 nahelegt: *Und wenn du den Koran vorträgst, dann such zuvor Zuflucht bei Gott vor dem gesteinigten Satan!*

Die Macht des Teufels ist aber keinesfalls mit der Gottes zu vergleichen, was den Islam zu einer dualistischen Religion machen würde. Vielmehr ist klar, dass das Böse kein gleichwertiges Prinzip ist. Gott belehrt den Teufel: *Über meine Diener hast du keine Vollmacht, abgesehen von denen, die abirren und dir folgen.* (15:42)

Was ist die
umma?

Auch hier ist die Antwort auf den ersten Blick klar und einleuchtend: die *umma* bezeichnet die Gemeinschaft aller Muslime auf der Welt.

Erst der zweite Blick lässt die Angelegenheit kompliziert werden, und die historische Perspektive macht es noch einmal schwieriger, die Dinge auf den Punkt zu bringen. Bei der Beantwortung der Frage, wer denn nun zur *umma* gehört, kann man versuchen, einen Minimalkonsens anzusetzen, indem man alle Menschen dazurechnet, die von sich selbst sagen, dass sie Muslime sind. Die *šahada*, das islamische Glaubenszeugnis, könnte als Kriterium dienen. An den Rändern der *umma* kriselt es diesbezüglich, wie die Beispiele der → Ahmadis und der → Aleviten zeigen. Abspaltungen und Sekten mit islamischem Hintergrund stehen hier vor einer schwierigen Positionsbestimmung, die von außen nicht geleistet werden kann. Auch die fehlende Möglichkeit eines Austritts aus dem Islam macht die Angelegenheit nicht einfacher. Die Schwierigkeiten in der Begriffsbestimmung, die durch solche Unschärfen am Rand zustande kommen, werden jedoch von der Mehrheit der Muslime in Kauf genommen, da die Vielfalt, die sich innerhalb der *umma* im Laufe der Geschichte etabliert hat, allgemein als Gewinn betrachtet wird. Eine islamische Ökumene im Sinne einer Nivellierung aller Unterschiede ist nicht nötig, um sich der Einheit der *umma* zu versichern. Einheit ist zwar ein hohes Gut, aber sie muss nicht durch künstliche Uniformität erzwungen werden. Trotzdem ist es ein schmerzlicher Symbolverlust gewesen, als das → Khalifat abgeschafft wurde, denn die Einheit der *umma* spiegelt die Einheit Gottes wider.

Hinzu kommt, dass der Begriff der *umma* sich gewandelt hat. Zu Lebzeiten Muhammads bezeichnete die *umma* eine der Gemeinschaften, die unter den Menschen entstanden war und zu der ein Prophet oder Gesandter Gottes gekommen war. Im Gemeinwesen von Medina umfasste der Begriff der *umma* zunächst alle, die sich der politischen Herrschaft des Propheten unterstellten, so dass auch Juden und Christen in die *umma* hineingenommen waren. Erst mit den verschiedenen Auseinandersetzungen der damaligen Zeit änderte sich das wieder.

Stets sind die Muslime aber an ihre besondere Verantwortung erinnert: *Aus euch soll eine Gemeinschaft (von Leuten) werden, die zum Guten aufrufen, gebieten, was recht ist, und verbieten, was verwerflich ist. (3:104) Ihr seid die beste Gemeinschaft, die unter den Menschen entstanden ist. (3:110)*

Sind Christen für Muslime **Ungläubige**?

Der Begriff des Unglaubens, *kufr*, hat sich zu allen Zeiten hervorragend für Polemiken geeignet, und es wäre ein Wunder, wenn in der belasteten Geschichte der Auseinandersetzung von Christen und Muslimen nicht auch gegenseitig die Verteufelung als »Ungläubige« stattgefunden hätte.

Trotzdem hat es (auf beiden Seiten!) immer wieder Gelehrte und Theologen gegeben, die die Frage differenziert betrachtet habe. Schon der Koran gibt hier keine eindeutige Antwort. Wo er von Ungläubigen spricht, sind Menschen gemeint, die viele Götter und Götzen verehren. → Polytheismus scheint der Inbegriff des Unglaubens zu sein; Atheismus im heutigen Sinne zählt zwar auch dazu, wird aber im Koran verständlicherweise noch nicht genannt, weil das Phänomen damals auf der arabischen Halbinsel nicht existierte.

Was am Unglauben so schlimm ist, zeigt der Blick auf die Grundbedeutung des arabischen Begriffs, die mit Undank wiedergegeben werden kann. Ungläubige sind eigentlich Undankbare. Islamische Gelehrte haben sich bereits im Mittelalter die Frage gestellt, ob jemand, der den Islam gar nicht kennt, wegen seines Unglaubens damit rechnen muss, in die Hölle zu kommen. Eine Ansicht war tatsächlich, dass in einem solchen Fall keine Schuld vorliegt, die zu bestrafen wäre, aber die Mehrheitsmeinung hat wenig Bedenken, einer solchen Annahme zuzustimmen und als im Jenseits verdammt anzusehen, wer dem Polytheismus anhängt.

Speziell im Fall der Christen liegen die Dinge nicht ganz so einfach, da bereits der → Koran differenziert über sie urteilt. Hier hängt letztlich die theologische Einschätzung davon ab, ob die Prämisse gesetzt wird, dass Christen → Monotheisten sind oder nicht. Ihre besondere Position als Leute der Schrift lässt ein Pauschalurteil nicht zu. Je deutlicher das Christentum als monotheistische Religion erkannt wird, desto positiver fällt die Einschätzung seiner Gläubigen natürlich aus.

Haben Muslime auch
Vorurteile?

Eine seltsame Frage, aber ins Spiel der gegenseitigen Wahrneh-
mungen, Bilder und Zerrbilder gehört auch dieser Aspekt. Dabei
geht es nicht darum, öffentlich schmutzige Wäsche zu waschen,
sondern dem Umstand Rechnung zu tragen, dass nicht jeder, der
sich gutwillig mit dem Islam befassen will und dabei eigene Fehl-
und Vorurteile zu korrigieren bereit ist, bei der Begegnung mit Muslimen sogleich auf sein muslimisches Pendant treffen wird.

Dabei lassen sich die gängigen Klischees über den Westen sehr
knapp auf einen Nenner bringen: der Westen ist gottlos, und deshalb hat er allerlei soziale Probleme. Fast alle konkreten Vorurteile
lassen sich auf diese Prämisse zurückführen. Wenn Urlauberinnen
am tunesischen Strand im Bikini sonnen, ist damit klar, dass alle
Europäerinnen leicht zu haben sind. Sich am moralischen Verfall
des Westens zu delektieren, nimmt sowohl bei Einzelpersonen wie
auch bei bestimmten → Organisationen den Rang einer Weltver-
schwörungstheorie ein. Jede Kindesentführung, jedes Wirtschafts-
verbrechen, die unsägliche Debatte um »Sterbehilfe«, Abtreibung
und Stammzellenforschung, alles passt dann gut ins Bild.

Antisemitismus ist ebenfalls ein Problem in vielen mehrheitlich islamischen Ländern. Die Ansprache, die sich Papst Johannes Paul II.
bei seiner Ankunft 2001 in Damaskus anhören musste, ist ein Beispiel, wie unverhüllt teilweise antisemitische Positionen vertreten
werden; das syrische Staatsoberhaupt legte dem Pontifex eine Alli-
anz gegen die Juden nahe, die schließlich die → Leiden Christi zu
verantworten gehabt hätten. Dass ein Muslim, der ja immerhin
nicht an die Kreuzigung glaubt, sie als »Argument« gegen den
Staat Israel einsetzt, war ein bitterer Höhepunkt zeitgenössischer
Polemik.

Weshalb pflegen Muslime die
Wallfahrt
nach Mekka?

Unter den fünf Grundpflichten des Islams nimmt die Pilgerfahrt eine besondere Rolle ein. Wer es sich leisten kann, soll einmal im Leben im Monat *Dhu-l-ḥiǧǧa* die Riten der Wallfahrt vollziehen. Außerhalb dieses Monats kann man natürlich auch nach Mekka fahren, dies gilt dann aber nicht als *ḥaǧǧ*, als vorgeschriebene Wallfahrt, sondern nur als kleine Wallfahrt oder Besuchswallfahrt, *umra*.

Nicht nur, weil zur *ḥaǧǧ* Muslime aus den unterschiedlichsten Ländern und Kulturen zusammenkommen und so die Einheit der Gläubigen eindrucksvoll vor Augen führen, sondern auch in spiritueller Hinsicht ist die *ḥaǧǧ* ein wichtiges Erlebnis, das einen Höhepunkt im religiösen Leben markiert. Ein → Hadith verspricht denen, die die *ḥaǧǧ* absolvieren, die Vergebung ihrer Sünden: *Wer die Wallfahrt für Gott vollzieht, während dieser Zeit keine anstößigen Reden führt und sich keines Vergehens schuldig macht, kehrt wie neugeboren nach Hause zurück.*

Trotz aller Erleichterungen, die moderne Transportmittel bieten, ist die *ḥaǧǧ* bis heute ein anstrengendes Unterfangen, vor dem es geboten ist, seine Angelegenheiten zu ordnen. Nicht wenige ältere Menschen treten die Reise in dem Bewusstsein an, dass es ein guter Tod ist, in → Mekka zu sterben. Es ist möglich, die Wallfahrt stellvertretend für einen anderen Menschen zu vollziehen. Die Riten der *ḥaǧǧ* gehen auf das Vorbild → Muhammads zurück und sind recht kompliziert. Vorislamische Formen der Wallfahrt wurden in den Islam integriert und umgedeutet. Weil die Dinge so schwierig sind, gab es schon früh Führer, die die Pilger vor Ort informierten. Heute existieren ganze Wallfahrtsorganisationen, die die *ḥaǧǧ* mit der entsprechenden Vorbereitung anbieten und kaum allein für Gotteslohn tätig werden. Allerdings haben auch die Formalitäten zugenommen. Saudi-Arabien sah sich aus mancherlei Gründen gezwungen, die Zahl der Pilger pro Herkunftsland zu kontingentieren, aber die Masse der Wallfahrer ist so immens, dass fast jedes Jahr Unfälle vorkommen.

Zur Wallfahrt gehört der Eintritt in einen besonderen Weihezustand, *ihram*, in dem die Männer sich in zwei weiße ungesäumte Tücher kleiden und Sandalen tragen, während Frauen weiterhin ihre gewöhnliche Kleidung tragen dürfen. Im Zustand des *ihram* gelten einige Einschränkungen, etwa das Verbot des ehelichen Verkehrs, der Jagd, des Gebrauchs von Parfum und des Schneidens von Haaren oder Fingernägeln.

Zu den Riten gehören zunächst die siebenfache Umkreisung der → Ka`ba im Zentrum der → Moschee von Mekka, das siebenfache Laufen zwischen den Hügeln Safa und Marwa, das daran erinnert, wie → Hagar nach Wasser für → Ismail suchte. Es schließen sich weitere Riten an, die an bestimmte Tage gebunden sind, und die in der Gemeinschaft der Pilger verrichtet werden. Dazu gehört das Stehen am Berg Arafat, das einen Tag intensiven → Gebetes darstellt, an dem der Muslim sich in besonders bewusster Weise in die Gegenwart Gottes versenkt. In Mina folgt ein weiteres Ritual, nämlich die symbolische Steinigung des Satans, bei der jeder Pilger sieben Steinchen auf Steinsäulen wirft, die den → Teufel symbolisieren. In Mina findet auch die Opferung von Tieren statt, die an das Opfer → Abrahams erinnert. Nach dem Opfer kürzt man das Kopfhaar. Männer lassen sich gelegentlich den ganzen Kopf scheren. Mit der Rückkehr nach Mekka und dem abschließenden Umschreiten der Ka`ba ist die Wallfahrt eigentlich beendet, aber die meisten Pilger reisen noch nicht sofort ab. Besonders das Grab → Muhammads in → Medina wird von den meisten noch besucht.

Wer die *ḥaǧǧ* absolviert hat, erhält den Ehrentitel der *ḥaǧǧa*, bzw. des *ḥaǧǧi*. Den zurückkehrenden Pilgern bereiten Angehörige und Freunde einen freudigen und festlichen Empfang.

Weshalb sind
Wein
und Glücksspiel verboten?

Religiöse Ge- und Verbote sind zwar oft dem Außenstehenden nur bis zu einem gewissen Grade nachvollziehbar, aber gerade für das islamische Verbot von Alkohol und Glücksspiel lassen sich leicht plausible Gründe ausmachen. Beiden Dingen kommt eine gesellschaftsschädigende Wirkung zu. Da es immer wieder Menschen gibt, die durch Alkohol- oder Spielsucht in den gesundheitlichen oder finanziellen Ruin getrieben werden, versucht der Islam, diese Risiken aus dem Weg zu räumen, indem alle Gläubigen zum Verzicht aufgerufen werden.

In der Praxis hat sich das Alkoholverbot jedoch in kaum einem Land wirklich streng durchführen lassen. Allenfalls verlagerte sich der Rauschmittelkonsum hin zu anderen Drogen wie Haschisch oder Qat.

Dabei hat sich das Weinverbot im Koran nicht auf einen Schlag Geltung verschafft. Zunächst teilte der → Koran durchaus die biblische Wertschätzung vom *Wein, der das Herz des Menschen erfreut.* (Ps 104, 15) In Sure 16:67 wird der Wein sehr positiv eingeschätzt: *Und (wir geben euch) von den Früchten der Palmen und Weinstöcke zu trinken), woraus ihr euch einen Rauschtrank macht und (außerdem) schönen Unterhalt. Darin liegt ein Zeichen für Leute, die Verstand haben.* Das Urteil verschiebt sich aber dann, indem der Koran feststellt, dass in Wein und Losspiel zwar Gutes und Schlechtes liegt; *die Sünde, die in ihnen liegt, ist aber größer als ihr Nutzen* (2:219). Es ergeht sogar die Warnung, nicht betrunken zum Gebet zu erscheinen: *Ihr Gläubigen! Kommt nicht betrunken zum Gebet, ohne vorher (wieder zu euch gekommen zu sein und) und zu wissen, was ihr sagt!* (4:43) Die abschließende Bewertung sieht den Wein neben Losspiel, Opfersteinen und Lospfeilen als *Greuel und des Satans Werk*, mit dem der Feind des Menschengeschlechtes *nur Feindschaft und Hass* unter den Menschen säen will. Der Rat des Korans ist nun unmissverständlich: *Meidet es!* (5:90-91)

Nun spricht der Koran ausdrücklich von Wein, aber die verschiedenen Rechtsschulen nehmen an, dass damit dem Alkohol insgesamt und auch anderen Rauschmitteln eine Absage zu erteilen sei. Die Positionen variieren geringfügig, allgemein nimmt man aber an, dass das, was in großen Mengen berauscht, auch in kleinen Mengen zu meiden ist. Allerdings gilt Alkohol nicht im gleichen Maße als verboten, → *haram*, wie etwa Schweinefleisch, sondern als *makruh*, verpönt.

Auch hier gilt jedoch, dass Not Gebot bricht. Im Falle, dass eine notwendige medikamentöse Behandlung nur unter Anwendung eines alkoholhaltigen Mittels möglich ist, kann vom Alkoholverbot abgesehen werden. Zur äußerlichen Anwendung ist Alkohol ohnehin erlaubt.

Das Alkoholverbot gilt nicht für Christen und Juden, die unter islamischer Herrschaft leben. Dies ist nicht nur für deren religiöse Praxis von Bedeutung, in der Wein eine rituelle Rolle spielt, sondern auch schon immer zum Anziehungspunkt für Muslime geworden, die das Weinverbot unterlaufen haben.

Wunder
gibt es immer wieder –
auch im Islam?

Wunder im Islam sind eine etwas komplizierte Angelegenheit, weil es so viele verschiedene Kategorien von Wundern gibt, für die jeweils eigene Begriffe existieren.

Die Wirklichkeit, wie der Mensch sie erlebt, besitzt aus sich heraus keine Kontinuität, sondern befindet sich in der steten Hervorbringung durch Gott. Was dem Menschen in der Schöpfung also als Regelmäßigkeit erscheint, ist kein »Naturgesetz«, sondern entstammt einer Gewohnheit Gottes. Nichts von dem, was sich täglich in der Schöpfung ereignet, ist zwingend notwendig. Alles kann jederzeit durch Gott neu und anders ins Dasein gerufen werden. Wenn Gott seine Gewohnheit ändert, kann Wasser bergauf fließen.

Das wichtigste Wunder ist im Islam die Schöpfung selbst. Sie enthält unzählige Zeichen, die auf ihren Schöpfer hinweisen. Solche Zeichen werden → aya genannt, und dieser Begriff bezeichnet auch die Verse des Korans. Beides sind Zeichen, die direkt durch Gott gewirkt wurden. Saʿadi hat dies in Verse gefaßt:

Jedes Laub am Baum / Ist dem Blick des Weisen / Eines Buches Blatt, / Gottes Macht zu preisen. (dt. Friedrich Rückert)

Eine andere Art von Wunder ist die *muʿǧiza*, die dazu dient, die Sendung eines Propheten zu bestätigen. Bestätigungswunder gehören zum Prophetenamt. Sie sollen deutlich machen, dass hier etwas geschieht, was kein Mensch aus sich heraus tun oder wiederholen könnte. Dabei zwingen die Wunder ihre Zeugen nicht automatisch zur Annahme der islamischen Botschaft. → Mose etwa wird vom Pharao aufgefordert, einen Beweis für seine prophetische Sendung zu liefern. Mose wirft seinen Stab zu Boden, der sich vor den Augen des Herrschers in eine lebendige Schlange verwandelt. Danach ereignet sich etwas seltsames mit der Hand des Mose, die auf einmal weiß aussieht. Der Pharao tut all dies aber als Zauberei ab. (Vgl. 26:30-34)

Mit allen Propheten werden verschiedene Wunder in Verbindung gebracht, die mit dem Verstehenshorizont der Menschen in Einklang stehen, unter denen sie sich ereignen.

Das Wunder, das → Muhammads Prophetie bestätigt, ist der Koran selbst, der als unnachahmlich und vollkommen in Ehren gehalten wird. Gott selbst fordert die Gegner des Propheten, die seine Offenbarungen für zweifelhaft halten, auf, etwas zustande zu bringen, was dem Koran gleicht: *Sag: Dann bringt doch eine Sure bei, die ihm gleich ist, und ruft, wenn ihr die Wahrheit sagt, an, wen ihr an Gottes Statt (als Zeugen für die Wahrheit eurer Aussage aufzutreiben) vermögt!* (10:38)

Daneben gibt es noch den Glauben an die *karamat*, die Wunder, die mit dem Charisma eines → heiligen Menschen zusammenhängen, und die es wohl in der Frömmigkeit fast aller Religionen gibt. Brotvermehrungen und Auffindung verborgener Wasserquellen, Heilungen, Erweckung Toter zum Leben, Bilokation (Erscheinungen an unterschiedlichen Orten zur selben Zeit) und die ungezählten kleinen Wunder des Alltags fallen in diese Kategorie.

Was ist
Zamzam?

In unmittelbarer Nähe der → Ka`ba in → Mekka, gegenüber dem schwarzen Stein, befindet sich ein Brunnen, der Zamzam genannt wird. Mit ihm hat es eine besondere Bewandtnis. Als → Hagar mit ihrem Sohn → Ismail von → Abraham verlassen wurde, lief sie auf der Suche nach Wasser umher und stieg auf die Hügel Safa und Marwa, um nach Karawanen Ausschau zu halten. Der siebenmalige Lauf zwischen Safa und Marwa, der heute zum Ritual der *hağğ*, der Wallfahrt, gehört, erinnert an ihre Suche. Als sie erschöpft zu ihrem Kind zurückkehrte, hatte Gott bei dem Jungen eine Quelle entstehen lassen – Zamzam.

→ Muhammad selbst pries diese Quelle als gesegnet, und aus ihr zu trinken, gehört zur *hağğ*. Zamzamwasser ist ein beliebtes Mitbringsel aus Mekka.

Sind
Zinsen
unmoralisch?

Ethisches Investment ist für Muslime ein alter Hut. Das ideale islamische Wirtschaftssystem hat seine eigenen Regelungen, die sich
teilweise erheblich von dem unterscheiden, was gegenwärtig in anderen Zusammenhängen üblich ist. Das Zinsverbot ist hier wahrscheinlich die bekannteste Regelung.

Der → Koran verbietet das Zinsnehmen in drastischen Worten:
*Diejenigen, die Zins nehmen, werden dereinst nicht anders daste-
hen als einer, der vom Satan erfasst und geschlagen ist* (2:275). So
verhasst wie die Zinsen sind, so beliebt ist bei Gott das Almosengeben: *Gott lässt die Zinsen (des Wucherers) dahinschwinden, aber
er verzinst die Almosen (mit himmlischem Lohn).* (2:276)

Das Zinsennehmen wird sogar zur Glaubensfrage: *Ihr Gläubigen! Fürchtet Gott! Und lasst künftig das Zinsnehmen, wenn ihr
gläubig seid!* (2:278)

Das Problem mit den Zinsen ist, dass sie keine besonders lau-
tere Einnahmequelle darstellen. Dem Islam ist es mit Recht suspekt,
wenn Geld sich ohne Arbeit vermehrt. Dies schlägt sich auch in den
Hadithen nieder, Überlieferungen aus dem Leben Muhammads, die
sich mit dem Thema des Handels befassen. Zwar ist der Handel mit
Waren eine ehrenwerte Tätigkeit, die ja auch der Prophet selbst
ausgeübt hat, aber auch sie muss in vertretbare Bahnen gelenkt
werden. So werden Zwischenhändler kritisiert, die eine Ware wei-
terveräußern, ohne sie selbst tatsächlich in Besitz genommen zu haben. Auch steht es in keinem guten Ansehen, wenn Städter sich als
Makler für Beduinen in das Handelsgeschehen einmischen, oder
wenn Käufer einer Handelskarawane entgegenreisen und Ge-
schäfte tätigen, bevor die Stadt erreicht ist.

In der Praxis unterliegt die islamische Wirtschaft natürlich Zwängen, die es nötig machen, das Zinsverbot zu umgehen. Im Mittelalter konnten Geldgeschäfte mit Zinsertrag in die Hände religiöser Minderheiten gelegt werden. Heute bemühen sich muslimische Wirtschaftsexperten, Wege zu finden, am internationalen Finanzgeschehen teilzunehmen, ohne mit den Prinzipien des Islams in Konflikt zu geraten. Statt Zinsen werden so oft Gewinn- und Verlustbeteiligungen angeboten und statt Versicherungen verschiedene Formen von Fonds betrieben. Es existiert eine Reihe islamischer Banken, und in jüngster Zeit versuchen auch die Auslandsvertretungen türkischer Banken in Deutschland den hier lebenden türkischstämmigen Muslimen Angebote auf islamischer Basis zu machen und eine Art Marktlücke zu füllen.

Register